橋本五郎

虚心に読む

書評の仕事2011-2020

藤原書店

はじめに

読書の意味について、きわめて明快に論じた文章があります。小林秀雄が昭和十四年四月号の『文藝春秋』に書いた「読書について」（『小林秀雄全集』第六巻、新潮社）です。そこには読書の「神髄」ともいうべきものが表現されているように思います。

「読書の楽しみの源泉にはいつも『文は人なり』といふ言葉があるのだが、この言葉の深い意味を了解するのには、全集を読むのが、一番手っ取り早い而も確実な方法なのである」

「書物が書物には見えず、それを書いた人間に見えて来るのには、相当な時間と努力とを必要とする。人間から出て来て文章となつたものを、再び元の人間に返す事、読書の技術といふものも、其の処以外にはない」

「書物の数だけ思想があり、思想の数だけ人間が居るといふ、在るがまゝの世間の姿だけを信ずれば足りるのだ。（中略）人間が現れるまで待つてゐたら、その人間は諸君に言ふであらう。君は君自身でゐ給へ、と」

『「二回半」読む』に続く第二書評集を出すにあたって、なぜ読書なのか、なぜ書評することに魅力を感ずるのかについて改めて考えています。はっきりしていることは、書物、そこには「人間がいる」からです。そのことを小林秀雄は余すことなく指摘してくれています。書評とは、その本の中に人間を見つけることなしに書けないことなのです。本書に収録されている書評に大小の違いがあっても、最低限、「二回半」読むことと、人間を見つけようとしたと思っていただければ幸いです。

その一方で、哲学者西田幾多郎は「読書」（『西田幾多郎随筆集』岩波文庫）でこのように書いています。

「書物を読むということは、自分の思想がそこまで行かねばならない。一脈相通ずるに至れば、暗夜に火を打つが如く、一時に全体が明《あきらか》となる。偉大な思想家の思想が自分のものとなる。（中略）偉大な思想家の書を読むには、その人の骨《こつ》というようなものを摑まねばならない」

西田はカントやヘーゲルの全集を持たなかったといいます。なぜなら、「アリストテレスならアリストテレスに、物の見方考え方というものがある。そして彼自身の刀の使い方というものがある。それを多少とも手に入れれば、そう何処までも委しく読まなくとも、こういう問題は彼からはかくも考えるであろうという如きことが予想せられるようになる」からだというのです。

私は離れの書斎に全集だけをまとめた一室を持っていますが、西田のこの文章に遭ったとき、全集をそろえればいいというものではない、人と思想の本質を摑み取ることが大事なのだ、とガツンと殴られたような気がしたものです。第二書評集を出すにあたって、こんなことも去来しました。

本書では、『読売新聞』の書評欄に書いたものだけでなく、中曽根康弘さんの『自省録』や、阿部眞之助氏の『戦後政治家論』、渡邊満子さんの『祖父　大平正芳』などの著書の解説も収録しました。字数に比較的余裕があることで、凝縮された新聞書評とは違う味わいが出せたのではないかと思ったからです。

書評するにあたって最も心がけているのは、虚心に読むことによって、何よりもまず作者が訴えたいことを理解することだと思います。果たしてそれが出来ているかどうか、読者の皆さんの前で「まな板の鯉」のような心境です。

虚心に読む

目次

第Ⅰ部　「自由」と「民主」

学問と思想

国家とは何か

人と政治

第Ⅱ部　日本とは何か

歴史のなかの日本

日本の根源

第Ⅲ部　生きるということ

生きることの哲学

文学の力

虚心に読む

——書評の仕事　2011–2020

第I部　「自由」と「民主」

学問と思想

現在を見通す先見性

丸山眞男著
『政治の世界 他十篇』

政治的な選択とは、せいぜいベターなものの選択であり、福澤諭吉のいっている言葉ですが、「悪さ加減の選択」なのです。

イギリスのことわざにあります。「われわれは道徳堅固でトラファルガーの海戦に負けるネルソンをもつよりは、ハミルトン夫人と姦通《かんつう》をしても、トラファルガーの海戦に勝つ将軍をもつ方が幸福である」

政治とは何か。政治学はどうあるべきか。日本を代表する政治学者による政治学関連の論文・エッセー集から、政治の本質に関わると思われる箇所を取り出してみた。

ビスマルクは「政治とは可能的なものについての術」と呼んだ。政治は未知を含んだ動的で可変的なものとしてとらえなければならない。政治の本質は人間の人間に対する統制を組織化することにあるのだから、人間存在のメカニズムを知悉《ちしつ》していなければならない。政治学とは究極のところ「人間学」なのである。

政治学研究者はJ・S・ミルの言う「教養人」を志さなければならない。「あらゆることについて何事かを知っており、何事かについてはあらゆることを知っている人」でなければならない。

著者は政治学の基本的なあり方とともに、政治的無関心の政治的意味や政治判断はどうあるべきかについても熱っぽく語る。ここで強調されるのは「政治的な責任とは徹頭徹尾結果責任」であり、政治からの逃避はそのまま現実追認となって専制主義的な政治を許してしまうということである。

一一編すべてが熟読に値するが、政治学の専門家ではない多くの読者に私は「政治学入門」から入ることをお勧めする。政治の本質を「権力」「倫理」「技術」の三つの側面から見事に光を当てているからだ。

読み終わって驚くべきは、一九四七年から一三年間に書かれたものであるにもかかわらず、今の政治も透けて見えてくることだ。すぐれた学問には先見性が備わっていることを改めて教えてくれる。松本礼二編注。

(岩波文庫、一一四〇円)

(二〇一四年四月六日)

政治の本質、より平易に

丸山眞男著

『丸山眞男集 別集 第一巻(1933–1949)』

戦後最大の政治学者、丸山眞男の業績は二〇年前の『丸山眞男集』(全一六巻、別巻一巻)で総覧できる。今度の『別集』は、遺族から提供された『集』未収録の作品や講演、自筆原稿などで構成されている。

驚くべきは、戦後まもない講演のなかに「丸山政治学」の基本的な要素がことごとく含まれていることだ。それは「内在的理解」の重要さであり、「政治の本質」に対する洞察であり、民主主義を運動としてとらえる視点である。

三民主義（民族主義、民権主義、民生主義）を唱えた孫文には、中国の特殊性を考えない「米国的なデモクラシーの狂信的な信者である空想家にすぎない」（北一輝）という批判がある。

本当にそうなのか。孫文は三民主義を民衆に理解させるための巧妙な手法を用いた。「皇帝崇拝思想」や儒教の「忠」の観念など中国の伝統的な意識を最大限に利用しながら、近代化のための政治教育をしようとしたのである。

このようにあくまで内側から三民主義を把握しようとする「孫文と政治教育」は「内在的理解」の標本のように見える。それはまた、戦後日本の近代化をどう進めるべきかという丸山の切実な関心と決して無縁ではなかったろう。

丸山政治学の記念碑的な作品「科学としての政治学」や「政治学入門」は『集』に収められているが、それより前の講演である「政治とは何ぞや」は、政治の政治たるゆえんは何であるのかを、実にわかりやすく説いている。

「政治が前提とする人間像は神と悪魔の中間である」「政治とは技術であり、同時に力であり、同時に理念である」などの〝丸山テーゼ〟もすでにこの講演に含まれている。『丸山眞男集』が彫琢された専門的な作品群だとすれば、『別集』第一巻は、もっと一般にもわかりやすい啓蒙作品集のように思われる。政治に関心のある人は『別集』第一巻から読むのもいいのかもしれない。

（岩波書店、四二〇〇円）

（二〇一五年二月十五日）

未知の答え求め続ける

三谷太一郎著『学問は現実にいかに関わるか』

力の限り善き事を為《な》せ
何ものにもまして自由を愛せよ
たとえ王座のきざはしにあるとも
絶えて真理を忘れるな

東大教授丸山眞男は「東洋政治思想史」の講義を終わるにあたって、ベートーヴェンのことばをドイツ語で板書し、聴講者に贈った。

――私はこのことばに忠実に生きようと決意した。その後の私はこのことばに忠実に生きてきたとは到底いえない。しかし私は今日まで先生から贈られたこのことばを忘れたことはない。

何のために学問はあるのか。どうして学問の使徒たらんとするのか。極めて本質的な問いに対する答えが著者の思いに集約されている。

学問は現実にどう関わるべきか。著者は吉野作造、大山郁夫、蠟山政道、南原繁、岡義武ら先人の業績を通して考える。とりわけ力を込めているのが丸山眞男論である。

日本における政治学の総合性を最も高い次元において体現したのは丸山だった。その最大の特色は政治学の主要部分である哲学的部分、歴史的部分、経験科学的部分のいずれも自律的に発展させながら、三つが密接不可分に全体を構成していた。

「ラディカルな精神的貴族主義」が「ラディカルな民主主義」と内面的に結びつくことの必要性を訴えた丸山は、大衆民主主義には一貫して批判的だった。丸山論はあまたあるが、敬愛に満ちた最も鋭利な丸山論であるように思われる。

既知なるものを求める「学習」に対し、「学問」とは未知なるものの答えを求める過程である。「現在」と「現実」を混同してはならない。学問の任務とは、現に目に見える現在には還元されない現実の多次元的な構造を認識することである。

学問には素人の身だが、このように説く著者の『大正デモクラシー論』や『政治制度としての陪審制』『ウォール・ストリートと極東』など一連の著作は、まぎれもなく「学問」だったことに思い至るのである。

（東京大学出版会、二八〇〇円）
（二〇一三年四月七日）

滋味ある「碑誌伝状」

三谷太一郎著『戦後民主主義をどう生きるか』

唐宋以後の中国における歴史叙述には、公的な「列伝」とは別に「碑誌伝状《ひしでんじょう》」の文というものがあるという。吉川幸次郎『漢文の話』によると、その多くは「墓誌銘」の形をとった私的な伝記であり、故人の事蹟を記述しつつ広く人間の問題を説こうとする態度が顕著だという。

三谷さんは、互いに影響し合いながら「知的共同体」を築き、それぞれの専門を究めた先達への限りない哀悼を綴《つづ》っている。学問的評価を含めてその人の一生を言い切るのは難しい。この書には滋味あふれる「碑誌伝状」の文が連なっている。

新渡戸稲造、南原繁、岡義武、丸山眞男、福田歓一、斎藤眞、細谷千博、篠原一、坂本義和、升味準之輔、三ヶ月章、田中英夫、平井宜雄、安江良介、粕谷一希……。

政治学者丸山眞男は、師の南原繁が愚直なまでに「信ずる人」だったのに対し「疑う人」であり、外面的道徳、とくに「礼儀」を重んじた。自分が亡くなって墓碑銘を彫るとしたら、「道を求めて道を得ざりし者ここに眠る」と書いてもらいたいと話していたという。戦後もっとも影響力のあった政治学者にとっても、振り返れば、道を求める旅の途中という思いがあったのだろう。

『日本政党史論』（全七巻）の著者升味準之輔を政治理論と政治史が高いレベルで二位一体となっていると評価、病床にあることを知りつつ会いに行けなかった悔恨を吐露し、シューベルトとの会見を願いながら、その死を知らされたゲーテの痛恨の言葉を引用している。

「人生はいつも **zu spat.**（too late）だ」「**Sofort**——今すぐ、**oder nie**——すぐでなかったらすべて間に合わない」

限られた紙幅でわずかしか紹介できないのが残念だが、丸山評価は完成した文章表現の文学的価値によってなされるべきであるという著者の主張に倣えば、三谷さんの「碑誌伝状」の文もすぐれた文学的表現であるとの思いを禁じ得ない。

（東京大学出版会、二八〇〇円）

（二〇一六年十月三十日）

根源的な自由主義者

平川祐弘著
『竹山道雄と昭和の時代』

「時流を恐れるな、時流から隠遁《いんとん》するな、時流を見つめよ、しかし時流に惑わされるな、時流をこえて人間と世界を思え、そのために歴史を学べ、古典に触れよ、コレルリの音楽にも海北友松《かいほうゆうしょう》の絵にも神魂《かもす》神社の建築にもおののく深い広い心をもて」

一九八四年六月三十日、『ビルマの竪琴』の著者として知られる竹山道雄の葬儀が行われた。旧制一高以来教えを受けた芳賀徹は、師弟愛の結晶のような弔辞の中で、竹山が終生説き続けたものをこう表現した。

偉大であると否とを問わず、人の一生を語り尽くすことは難しい。娘婿が岳父を論じたこの書は三つの困難に挑戦している。思想家にして文学者の核心にあるものをどう描いたらいいのか。竹山が格闘した昭和という時代をどう考えるか。そして最も身近な人間が描くがゆえの身贔屓《びいき》の限界をどう超えられるかだ。

著者夫人に戒められたというように、随所に平川自身が顔をのぞかせているが、身近である利点を最大限に活《い》かし、人物と時代を巨細にとらえることにおいてまさに範とすべき読み物になっている。

竹山は反軍部、反ナチス、反スターリンの反全体主義で一貫していた。ユダヤ人虐殺問題との関連からキリスト教にひそむアンチセミティズム（反ユダヤ主義）をも剔抉《てっけつ》した「操守一貫の人」だった。「語の根源的な意味における自由主義」者だったのである。

外国の大国と小国の二点から「三点測量」しつつ祖国を振り返る大切さを説き、歴史をある先験的な原理の図式的な展開としてとらえる「上からの演繹《えんえき》」は必ず間違うと指摘する竹山は、この書によって一層屹立した存在として迫ってくる。

この書はまた、旧制一高の師弟の姿を再現、エリート教育の大切さを訴えてやまない。竹山や木村健康ら一高教授は寮に生徒と一緒に住み込み、夜更けまでゲーテやグリーンを読んだという。失われたものの大きさに改めて思い至るのである。

（藤原書店、五六〇〇円）

（二〇一三年五月十九日）

「上からの演繹」を批判

平川祐弘著
『戦後の精神史——渡邊一夫、竹山道雄、E・H・ノーマン』

「戦後」とは何だったのか。その正体を、仏文学者の渡邊一夫と独文学者の竹山道雄を軸に、カナダの外交官で歴史家のハーバート・ノーマンらを絡ませ、自らの来歴、関わりも語りながら解明しようとした書である。その射程は一九四五年の敗戦から六〇年安保を経て、二〇一五年の「安保法制反対」にまで及ぶ。

著者が依拠するのはもちろん竹山道雄である。自由を守ることにおいて一貫し、戦前は反軍国主義、戦後は反共産主義、反人民民主主義を貫いたからだ。渡邊一夫に対する複雑な心情、「敗戦後の最高レベルの知識青年」いいだももの知識人批判の紹介など実に興味深いが、この書の最大の眼目はノーマン批判にある。

ノーマンはマッカーサー総司令部の要職にあって「戦争責任に関する覚書」を作成、近衛文麿の死にも影響を与えたといわれる。『日本における近代国家の成立』などの著作は丸山眞男ら戦後日本の知識人に高く評価され、今なお北米学界の一部で神格化されているという。

そのノーマンの何が問題か。「日本の農民はすべての封建社会の中でも最も徹底して搾取されてきた」という徳川暗黒史観に典型的に表れているように、そこには竹山が指摘する「上からの演繹」があるからだ。竹山は『昭和の精神史』で、明治維新は「上からの革命」で、支配階層とその精神は封建時代のままもちこされ、昭和の歴史を動かしたのもこれが主体だったというノーマンらの見方に異議を唱え、こう説明する。

「歴史を解釈するときに、まずある大前提となる原理をたてて、そこから下へ下へと具体的現象の説明に及ぶ行き方は、あやまりである。「上からの演繹」は、かならずまちがった結論へと導く。事実につきあたるとそれを歪めてしまう」

読み終わって痛感するのは竹山の指摘は決して過去のことではない、「上からの演繹」は今も一部ジャーナリズムの世界で蔓延しているではないかということである。

（河出書房新社、二〇〇〇円）

（二〇一八年一月十四日）

慎慮あるバランサー

服部龍二著『高坂正尭——戦後日本と現実主義』

「最も尊敬する国際政治学者は誰か」と問われれば、私は躊躇なく高坂正尭《こうさかまさたか》と答える。なぜか。二〇年前、『高坂正堯著作集』（全八巻）が刊行された際、こう書評した。――その分析の背後には、人間存在と歴史への深い洞察があり、しなやかで成熟した相対的思考がある。責任意識の欠如した主張を排し、平易な文章で常に具体的政策を提示した。

本書の著者は高坂を「節度あるバランサー」「慎慮《しんりょ》あるバランサー」と実に巧みに表現している。高坂は「現実主義者」の旗手として論壇に登場したが、「理想主義者」にも十分な敬意を払い学ぼうとした。吉田茂の「商人的国際政治観」や「経済中心主義」路線を高く評価し従来の吉田像を一変させたが、決して吉田を神格化することはしなかった。

著者は高坂に対し尊敬の念を抱きながらも、高坂の限界にもきちんと触れている。後知恵と批判されることも覚悟し、ニクソン訪中、ソ連のアフガン侵攻、ベルリンの壁崩壊、湾岸戦争などでの判断ミス、見通しの誤りに言及している。

私がもっとも心惹《ひ》かれたのは、教育者、人間としての高坂である。丹念で鋭利な学問分析とまったく違う筆致で描いている。門下生への限りない愛情、母時生《ときお》との最後の電話などを紹介しつつ、自分は晩年の高坂を誤解していたという。

四十代で離婚、再婚しなかったことなどから家庭では孤独だったと推測していた。しかし、母と弟からは愛され続け、海上自衛隊に入った長男の成長を我がことのように喜び、初孫となる長女の子供には「堯」の一字を継いでもらった。徳は孤ならず、必ず隣ありということだろう。その筆は敬意と哀切に満ちている。

そして著者は思う。「高坂の学問体系を単独で引き継ぐことは極めて難しい。高坂の死は、総合的な魅力ある学問としての国際政治学の死であった」と。「比類なきスケールを備えるオンリー・ワンの存在」を見事描き切った模範的伝記である。

（中公新書、一〇〇〇円）

（二〇一八年十一月二十五日）

正体暴く、執念の書

竹内洋著

『革新幻想の戦後史』

歴史を描くことは容易ではない。自分が生きてきた同時代史を描き切ることはもっと至難のことだろう。自らの体験（自分史）と膨大な文献資料、聴き取り調査などを駆使し、左派にあらざればインテリにあらずという「革新幻想」はどのように生まれ、席捲、凋落していったのかを克明に分析している。

「革新幻想」はいたるところに現れた。雑誌『世界』（岩波書店）の盛衰、日教組と一体の進歩的教育学者たちの跋扈、政治闘争の場と化した京都・旭丘中学事件、さらにはべ平連、全共闘運動……。その中で目の洗われる思いをしたのが、石坂洋次郎論である。

『青い山脈』や『若い人』などから、読者はハイカラでオシャレでスマートな「近代」を感じ取った。石坂作品は明治維新以来の欧化思想を大衆レベルで広げ、草の根の「革新幻想」の下支えとなった。福田恆存の進歩的知識人に関する次のような定義は石坂洋次郎にも当てはまるというのである。

「日本が共産主義体制になる事を好まない人でも、結果としてはさうなる事に、少なくともさうなる可能性を助長する様な事に手を貸してゐる人である」

この書の特徴は、分析に当たって社会学の理論的成果をふんだんに利用していることである。その意味でも学問の有効性を教えてくれるが、同時に「革新幻想」の正体を暴いてやるぞという執念がほとばしり、その熱気に圧倒される。

「革新幻想」が幅をきかせてきたことへの積もり積もった怨念とも言うべきものに加え、次のような現状への強い危惧があるからだろう。

『進歩的文化人』という用語は死語になったが、『進歩的大衆人』は増えているのではないか。いや昔日の進歩的文化人はコメンテーターやニュースキャスターの姿で跋扈している」

躍動的で実に読み応えのある「戦後史」になっている。

（中央公論新社、二八〇〇円）

（二〇一二年一月二十二日）

国家とは何か

自由は闘いとるもの

岡義武著『独逸デモクラシーの悲劇』

昭和二十三年（一九四八年）、一つの文庫が呱々《ここ》の声をあげた。アテネ文庫（弘文堂）である。ざらざらした紙で一冊がわずか六四ページ。しかし思いは深く、日本を「高き芸術と深き学問とをもって世界に誇る国たらしめねばならぬ」との使命感を鮮明にし、名品を世に出した。

『独逸デモクラシーの悲劇』はその中の珠玉の一冊だった。世界でもっとも民主的なワイマール憲法のもとで、なぜあの忌まわしいナチスが生まれたのか。学生時代、この書に接し、次のような結びを読んだときの震えるような感動をいまなお忘れることができない。

「ワイマール共和国の短い歴史、それは不幸の中に生れ落ち、不幸の中に生き、そして夭折した一人の薄倖なるものの生涯にも似ている」

「ここに疑もなく明白なことは、自由は与えられるものではなくて、常にそのために闘うことによってのみ、確保され又獲得されるものであるということである。そして、そのために闘うということは、聡明と勇気とを伴わずしては、何らの意味をももち得ぬということである」

その名著が岡さんの助手論文を加え、装いを新たに復刊された。助手論文では、十九世紀末のドイツでなぜ民主主義運動が大きな力たりえなかったのかを解明している。その原因はドイツそのものに内在しており、ドイツの悲劇につながっていくことを教えてくれる。

二年前に創刊された文春学藝ライブラリーの大きな特徴は、人を得た解説にある。本書もまた、岡さんの弟子である三谷太一郎さん（東大名誉教授）が力を込めて書いている。

『伊澤蘭軒』を書いた森鷗外と岡義武の間には「大正デモクラシー」期の基本的価値観の共通性があったという指摘には意表をつかれた。ドイツにおける「指導者なき民主制」へのマックス・ウェーバーの深い危惧についての言及に他人事ではない切迫感を感じた。解説それ自体が一つの論文になっているのである。

（文春学藝ライブラリー、一〇三〇円）

（二〇一五年七月十九日）

メッテルニヒに学ぶ

塚本哲也著『メッテルニヒ』ほか

大変申し訳ないことに、腸閉塞で緊急入院、十一月の本コラムを休載してしまった。九年前に胃癌《がん》の手術をして以来、腸閉塞に見舞われること四回。繰り返し繰り返し襲ってくる腹痛と吐き気に耐えながら病室で読んだのが、発売されたばかりの塚本哲也さんの『メッテルニヒ』（文藝春秋）だった。震えるような感動を覚えた。

伝記の醍醐味を堪能させてくれただけでない。塚本さんが脳出血で半身不随となり、車椅子の生活を強いられていることを知っていたからだ。この本には「政治とは何か」が凝縮され、日本の政治の卑小さを思い知らされたからである。

塚本さんは東洋英和女学院大学の学長時代に脳出血で倒れ、五年前に妻のルリ子さんと群馬県榛名山麓の老人ホームに入居した。翌年ルリ子さんは脳出血がもとで帰らぬ人となった。亡くなる直前、深夜の集中治療室で、妻が左手を上げて空中に書いた文字は「ありがとう」だった。立ち上がれない悲しみの中で、教会の司祭の言葉が深く心に染みた。

「立ち上がれなくともいいではないですか。心ゆくまで悲しんでやることです」

妻との永別のあまりの寂しさを紛らわすため、左手だけのパソコンで一年半かけ書き上げたのがこの本である。

◇

塚本さんは『毎日新聞』のウィーン、プラハ、ボンの支局長を務めた。当時から中部ヨーロッパに君臨したハプスブルク家の資料を集めた。『エリザベート』『マリー・ルイーゼ』（文藝春秋）として結実した。

それにしても今なぜメッテルニヒなのか。塚本さんと電話で話した。手紙もいただいた。そこには、あふれるばかりの思いが凝縮されていた。

日本ではほとんど知られていないメッテルニヒの伝記を残そうと思ったのは、日本の政治の幼稚さ、貧困さのゆえだった。精神の高貴さが失われていると思ったからだ。

メッテルニヒの視野の広さ、遠大な将来図、自国のみならずヨーロッパ全体を見渡す「鳥の目」の俯瞰《ふかん》図、細心、大胆な実行力と度胸、全体を貫くコスモポリタニズム。とても「保守反動」などという小さな尺度では測れない人物だからだ。

◇

メッテルニヒが一貫して目指したのは何だったろうか。本を読めばよくわかる。

「ナポレオン時代のように一つの国が圧倒的に強大で、他の国がその軍事力に降伏従属し、息もつけないような『一国独裁』のヨーロッパではなく、『勢力均衡』で平和を第一とする政治社会秩序だった」

それは決して消極的な勢力均衡論ではなかった。ロシア遠征の失敗でフランスは大きな打撃を受けた。しかし、あまりに弱体化してはロシアが強大になってしまう。欧州の均衡を守るため、フランスにも執拗《しつよう》に和平を呼びかけたのだった。

その一方で、着々と自国オーストリアの軍備を増強、フランスが和平に応じないとみるや、オーストリア、ロシア、プロイセン連合軍総司令官として、ライプチヒでナポレオン軍を殲滅した。平和を乱す者には断固として戦ったのである。

◇

キッシンジャーはハーバード大での博士論文『回復された世界平和』（原書房）で、カッスルリー英外相とメッテルニヒによって、ヨーロッパは百年の平和を維持したと評価した。そして「二十世紀のメッテルニヒ」として、ニクソン政権下で勢力均衡論を実践、米中国交正常化はじめ数々の実績を上げた。

メッテルニヒは、革命は「巨大な幻想」であり、陰惨な結果しか招かないと厳しく批判するとともに、偏狭なナショナリズムの危険性についても警鐘を鳴らした。プロイセンの激しいナショナリズムはドイツ帝国を生み、やがて第一次、第二次大戦へと突き進むことになった。メッテルニヒは百年後を見通していたのである。

メッテルニヒは外交家である前に高い教養人だった。ゲーテやシラーなどのドイツ文学、フランス、英国の文学書や歴史書をよく読んだ。数百の詩を暗唱できたという。

しかし、メッテルニヒにも大きな限界があった。貴族以外の庶民と接する機会がなく、民衆との距離を埋めることができなかった。秩序を守ることを第一義に考えたがゆえに、産業革命というもう一つの革命による人々の意識の変化が理解できず、時代に取り残された。

故高坂正堯教授に『古典外交の成熟と崩壊』（中央公論社）という名著がある。メッテルニヒは「保守主義者」ではあっても「反動」ではなかった。「自制」を重んじ、粗暴な形で状況を変革することにも、粗暴な形で現状を守ることにも反対だったと指摘、こう書いている。

「秀れた外政家は諦念と使命感を持つことが多かった。（中略）彼らはその行為のもたらすものの不十分さを熟知しながら、対立をやわらげ、協力関係を広げ、秩序らしいものに接近すべく懸命に努力した」

（『メッテルニヒ』文藝春秋、三〇〇〇円）

（二〇〇九年十二月十二日）

古典から何を学ぶか

猪木武徳著『自由の条件——スミス・トクヴィル・福澤諭吉の思想的系譜』

古典の古典たるゆえんは、時空を超えて真理に光を当て、それぞれの時代に生きる人々に限りなき指針を与えてくれるところにある。J・S・ミルが「政治の科学的研究の新時代が始まった」と評したトクヴィル『アメリカのデモクラシー』（第一巻は一八三五年、第二巻は一八四〇年）はまさにそうした古典だろう。

著者はトクヴィルを徹底的に読み込むことによって「自由」とは何かを考える。私たちはデモクラシーの中核をなす「自由」と「平等」が両立しうるものと考えがちである。しかし、平等原理が限りなく拡大すれば、「独裁」や「多数の専制」の危機に曝《さら》され、自由は脅かされることをトクヴィルは見抜いていた。

この弊害をどう食い止めるか。トクヴィルはその装置を米国デモクラシーに見た。地方自治の徹底、陪審制、結社によって、共同の利益、公共精神を涵養しているのだ。それは日本で二〇年来議論になっている地方分権、裁判員制度、ＮＰＯとまったく重なると著者はみる。

「平等」の持つパラドックスもトクヴィルは指摘している。「民主国の軍隊のすべての野心家は切実に戦争を欲する」。なぜならすべての兵士に士官になる道が開かれ、出世欲が広がり野心が大きくなるからだ。その姿を著者は、戦前の日本陸軍でも平等な出世競争が始まると好戦的な軍人が主流を占め始めたことに見る。

書評ではほんの少ししか紹介できないのが残念だが、トクヴィルの慧眼は現代デモクラシーの問題点を的確に予見していたのである。猪木さんの本のすごさは、トクヴィルをアダム・スミスやミル、福澤諭吉との関係も含めて詳細に論じているだけではない。プラトンやアリストテレスからモンテスキュー、マルクス、ケインズに至るまで、その思想の根幹を押さえて敷衍してくれていることである。古典はどう読むべきか。古典から私たちは何を学ぶべきか。これほどの教科書はないと言っていい。

（ミネルヴァ書房、三〇〇〇円）

（二〇一六年十月十六日）

歴史から何を学ぶか

猪木武徳著『デモクラシーの宿命――歴史に何を学ぶのか』

「デモクラシーとは、これまで歴史的に存在したあらゆる政治形態を除けば最悪の政治形態である」一九四七年十一月の英国下院でのチャーチル元首相の演説の一節だ。皮肉屋チャーチルの面目躍如たるものがあるが、デモクラシーの欠陥と限界を見据えた見事な表現でもある。

今や世界を席巻しているポピュリズム、トランプ大統領の登場で一挙に顕在化した「一国主義」や「排外主義」……。こうしたデモクラシーに付きまとう宿命を前に、自由と平等を価値理念とするデモクラシー再生のために何が必要なのかを必死に模索しようとしている。

著者が何よりも強調するのが歴史や古典から学ぶことである。アリストテレスやアダム・スミス、トクヴィル、福澤諭吉らの著作をふんだんに引用して、著者が導き出した処方箋を簡略化して示してみよう。

第一は、極端を排し、「バランス感覚を失うな」ということである。すべてを改革できるという幻想も、すべては運命であるという諦観も避けながら、「中間的なもの」の重要さを認識することである。

第二は「短期の目的合理性」を追求することに潜む陥穽を認識することである。高等教育においてしばしば「即戦力」や「実践性」が強調される。しかし、それは決して長期的な人材育成や国力の増強につながらない。成果主義や能力主義といった短期の損得勘定が日本経済を衰退に向かわせているのではないのか。

マスコミも厳しく問われている。「堅実な読者が求めるのは、根拠のない楽観論でもなければ、ただ『権力は悪だ』と言いつのる『正義』を装う悲観論でもない。その双方を越えた長期的なヴィジョン（展望）を意識した議論なのだ」

猪木さんの一連の著作の魅力は常に文明史的視点を忘れず、ふくよかに歴史を描いていることである。本書もまた、私たちが置かれている時代状況について鋭角的、多角的に大きな見取り図を示してくれている。

（中央公論新社、二二〇〇円）

（二〇一九年六月三十日）

法の法たる核心とは

ハンス・ケルゼン著
『純粋法学　第二版』

世界の法学界におけるハンス・ケルゼンの存在がいかに偉大なものだったか。ケルゼンがジュネーブで講演をした時の逸話がある。

講堂で昔の教え子のひとりを見つけたが、どうしても名前を思い出せない。講演が終わったあと、ケルゼンは青年を招き謝った。「失礼だが君の名前が浮かんでこない。朝、目をさましたら、自分の名前をすぐには思い出せなくなりそうだ」

フランス人の青年は答えた。「先生、あなたがご自分の名前をお忘れになっても、世界の歴史があなたの名前を忘れるはずがありません」

『純粋法学』の初版が出版されたのは一九三四年。第二版は四半世紀を経て、ナチスからの亡命の地アメリカで全面的に書き直された。

純粋法学は政治や経済、道徳、宗教など一切のものを排除し、法そのものを純粋にとらえようとする。法の本質は「強制規範」であり、存在（ザイン）とは全く別の当為（ゾレン）の世界にあるものと主張する。

これに対し、日本でも美濃部達吉らが激しく批判するなど騒然なまでに賛否両論が戦わされた。いま改めて関連文献を読み直して、もっとも説得力があるのは尾高朝雄『実定法秩序論』のように思われる。

純粋法学は法の純粋強制秩序のみが法であるというが、円の中心だけを取り出し、これが円であるというに等しく明らかな誤謬がある。中心からやや遠ざかったところに道徳や政治などが重畳として入り込み、法の豊富な内容を作っているのだ。

その一方で尾高は、純粋法学は法の法たる核心が強制規範による強制秩序の維持であることを的確にとらえていると評価する。円には中心がなければならないように、法にも核心が存在しなければならない。

遠い過去の純粋法学論争をいま取りあげたのはほかでもない。「学問とは何か」を考えてみたかったのである。徹底して本質をとらえようとする学問の王道を学者の皆さんに期待するからである。

長尾龍一訳。

（岩波書店、五八〇〇円）

（二〇一四年五月二十五日）

危機的制度の真の意味

『代表制という思想』

早川誠著

日本において「議会制民主主義の危機」が叫ばれて久しい。議論は形骸化し、民意との遊離も著しい。議員の質は低下するばかりだ。この際直接民主主義的手法を採るべきではないか。

こうした代表制批判に対し、民主主義へのさまざまな誤解を正しながら代表制を正当に位置づけようとする「代表制復権の書」である。

代表制に代わるものとして登場した首相公選制は、透明性の高いリーダー選出で「決められる政治」を実現しようとする。しかし、相対的多数派に過大な権力を与えられ、民意の複雑さが捨象されることは避けられない。十分、直接民主主義的ではなくなるのである。

一方、多様な民意それぞれに発言の機会を与えようというのが「熟議民主主義」である。民意を有権者みずからが政策体系にまでまとめていくという点で民主主義は徹底されている。しかし、有権者の政治教育や政治体験の積み重ねが必須になる。容易なことではない。

代表制は代表と市民という二極の主体を用意することで民主制を動的に運営することを可能にする。市民は民意の主体ではあるが、まとまった全体的な政策体系をあらかじめもっているわけではない。代表は民意の主体たる市民の選好を受け取り、明確な政策体系にまとめあげようとする。そこに意味がある。

アテネの民主政は直接民主制の純粋型のようにみられている。しかし、民会のみで運営されていたわけではない。参加者の責任を苛烈に問う代表制も採り入れた混合型の民主政だった。

本書の内容を十分に紹介できないのが何とも残念だが、マディソン、シュミット、シュンペーター、ハーバーマス、ピトキンなどさまざまな民主主義論も丁寧に解説しながら辛抱強く代表制の利点を生かすよう提言する。学者らしい誠実さで極めて旗色の悪い代表制の真の意味を教えてくれる本書は、日本の民主主義を考えるにあたって誰も避けて通れないだろう。

（風行社、一九〇〇〇円）

（二〇一四年九月二十八日）

「澄んだ目」の政治解剖

待鳥聡史著『民主主義にとって政党とは何か——対立軸なき時代を考える』

各国の民主主義は政党を前提にして展開されている。しかし、そもそも政党とは何なのか。一部の利益を追求する勢力としての政党がなぜ公益の担い手になりうるのか。政党不要論が収まらない中で、政党政治の再生は可能なのか。

本書は政党をめぐる本質的な疑問に答えるべく最新の学問的成果も盛り込みながら歴史的、理論的にわかりやすく解説をしてくれる。行き届いた分析、叙述はイデオロギーはもとより、先入観や俗説にとらわれることなく「澄んだ目」で終始しているのが印象的である。安倍内閣の評価にあたっても、あくまでもニュートラル（中立的）だ。

著者によると、安倍政権の経済政策は中道左派のお株を奪っている。外交・安全保障面を含め、グローバル化や先進諸国間の協調には積極的に対応しつつ、その成果が従来不利な立場にあった人々（たとえば女性）に行き渡るようにするもので、世界的な尺度からみれば、保守や新自由主義ではなく、中道左派に最も近いことが否定できない。

支持者に利益配分を行う存在として政党が生き延びることはもはや難しかろう。それでは何を存在理由にすべきなのか。著者が着目するのは「情報伝達機能」である。政策決定のための複雑で大量の情報を縮約して有権者に伝えるとともに、有権者の考え、意見を政策決定に生かすのが大事な役割になる。

現代は政策課題が複雑に絡まり合い連動している。複数の制度や論点の間のつながりを明らかにし、「何と何がリンクしているのかをはっきりさせて、パッケージとして提示する機能は、政党が果たすべきもの」と提言する。

これらは常識的と言えば常識的な真っ当な提案である。しかし、今の日本の政党がその機能を果たしているとは到底思えない。与野党を問わず、この一見当たり前のような機能を果たすための努力をしているのかを自らに厳しく問うべきだろう。

（ミネルヴァ書房、二六〇〇円）

（二〇一八年九月二日）

永遠の難問に挑む

小林直樹著『暴力の人間学的考察』

「なぜ人を殺してはいけないのか」。この最も素朴で根源的な質問にどう答えるか。「まともな子どもなら、そういう問いを口にすることを恥じるものだ」（大江健三郎氏）。「駄目だから駄目」（藤原正彦氏)。答えは人さまざまだろう。著者はこう考える。

すべての人間は巨大宇宙の一角にただよう地球上で生きついできた奇蹟的な存在である。殺人はこの奇蹟の連鎖を打ち切る重大な破壊行為である。しかも人間はすべて異なる個性として育成される、かけがえのないユニークな存在である。殺人はその人格の抹殺として取り返しのつかない暴力行為である……。

大は戦争・内乱から、小は街角の喧嘩や家庭内暴力、学校でのいじめに至るまで、あらゆる暴力を組上に載せている。人はなぜ暴力に訴えるのか。統制する術《すべ》はあるのか。最新の学問的成果を動員し、永遠の難問に挑んでいる。

中でも戦争は「最大・最悪の暴力現象」である。他の生物に見られない「同種内の組織的な大量殺戮」であり、そこには文明が生み育てた武器が文明を破壊するという「文明の逆説」がある。乗り越える道はあるのか。

著者は国連に期待する。ナショナリズムの逸脱を抑え、国境の壁を低くし、世界法の支配する人類社会の形成に向かう基盤づくりに寄与できるのは国連しかないからだ。法の支配を原則とする「国際的立憲主義の定立」を進めれば世界連邦への道も見えてくるだろう。

国際政治の現実からすれば、ほとんどユートピアの世界だろう。人間の宿命的な業である暴力を「止揚」するのも同様に「無可有郷《ユートピア》」かもしれない。しかし、辛《つら》くとも、追い求めるのが人間の責務かもしれない。この書を読み、そう思う。著者は八十一歳で大著『法の人間学的考察』(岩波書店)

を世に問うた。そして八十九歳にして暴力論を上梓、さらに「欲望論」「感情論」に挑むという。飽くなき挑戦に乾杯したい。

（岩波書店、五一〇〇円）

（二〇一一年六月五日）

人と政治

比類なき「阿部検察官」の論告求刑

阿部眞之助著『戦後政治家論——吉田・石橋から岸・池田まで』

『近代日本の政治家』の魅力

政治家に関する評論は数多いが、私の中での横綱は岡義武さんの『近代日本の政治家』（初版は文藝春秋新社、今は岩波現代文庫）である。伊藤博文、大隈重信、原敬、犬養毅、西園寺公望の五人を取り上げている。岡さんは『山県有朋』『近衛文麿』（ともに岩波新書）の名著で知られる。しかし、決して二人を好きではなかった。

山県については「あの本を書いてゆくうちに、だんだん山県がいやになりました」、近衛については「ああいういい加減な、取るに足らない人物の伝記を書いたのは、時間の浪費でした」と漏らしている（『岡義武著作集』第四巻解説）。『近代日本の政治家』は趣を少し異にする。岡さんの愛情が随所にほのみえるのである。

民衆政治家・大隈重信の日比谷公園での「国民葬」は盛大を極めた。埋葬された音羽護国寺までの沿道には一五〇万人が詰めかけた。亡くなって一カ月がたっても墓前には日々三千人が参拝した。大隈に先立つこと二年半前、板垣退助は陋屋で八三年の生涯を寂しく閉じた。板垣の通夜に、五人が盲人代表として出席したいと申し出た。板垣が按摩業を盲人に限るよう奔走したことに深く感謝していた。葬儀の当日、板垣の柩は彼の恩顧を受けた力士たちに担がれ葬儀場に運ばれた。板垣の死と葬儀を伝えた記事は簡単なものだった。それは彼が世人から忘れられた存在になっていたことを示していた。しかし、と岡さんは結ぶ。

「それでも、芝の青松寺の葬儀には参会者は三千名に上った。いくら寒い冬の日でも夕陽はやはり輝くのである」

原敬は政友会の党員のためには惜しみなく金を散じた。利権を斡旋する労もいとわなかった。しかし、自らの私生活においては身を持することきわめて質素であった。芝公園の古色蒼然とした手狭な家に住んだ。来客の待合室にあてられた六畳の小部屋の座布団は、丁寧につくろわれた、継ぎ剝ぎだらけのものだった。

馬場恒吾は、原が暗殺されて遺骸が盛岡に送られたあと、主なき芝公園の家に焼香に行った。そのとき位牌の置いてある小さな部屋の畳が、ほとんどすりきれているのに気づいた。「あれほど時めく首相も、こんな質素な暮らしをしていたかと、私は不覚の涙をこぼした」。私たちには、馬場のこの言葉を引用する岡さんの原に対する気持ちが痛いように伝わってくる。

伊藤博文には、国家の運命が自分の双肩にかかっているかのように思う強い自負心があった。自分がすぐれた人間であることを世間の人々が認めてくれて、彼を尊敬することをつねに期待した。強い名誉心からなのだろう。胸間に勲章をきらめかして勿体ぶって振る舞うことが甚だ好きであった。

そう書きながら、岡さんは伊藤が岡崎邦輔に語ったという言葉を引くことを忘れない。「俺は芸妓と遊んで居る時でも、酒を飲んで居る時でも、人と冗談を言ふて居る時でも、俺の頭からは始終国家と云ふ二字が離れた事は無い。……どんな場合でも俺は子孫の為めに物事を考へた事は無い。一家の計を考へた事は無い。考へて居るのは、何時でも如何なる場合でも国家の事ばかりだ」

伊藤のこの言葉も「まったくの一場の気焔とばかりもいえないであろう」と、岡さんは結んでいる。

西の正横綱

前置きが長くなってしまった。本書『戦後政治家論』（『現代政治家論』を改題）は前著の『近代政治家評伝』（文春学藝ライブラリー）と合わせ、私にとっては『近代日本の政治家』に並ぶ政治家評論である。さらに言えば、東の正横綱・岡に対し、阿部は西の正横綱と言っていいかもしれない。歴史家・政治学者と新聞記者の書いた物は当然違いが出てくる。その意味では対照的だが、阿部眞之助の舌鋒には比類なき厳しさがある。痛快この上ない。これから述べる〝眞之助節〟の特徴を際立たせたいと思い、まず岡さんの政治家評伝を紹介することにした。

政治家を評論することは簡単ではない。政治記者として、そのことを日々実感している。特に現役政治家はやっかいである。

第一に、多くの場合その当人を少なからず知っている。知っているがゆえの遠慮がどうしても出てくる。

第二に、その一方で、俎上に乗せる相手のすべてを知っているわけではない。私の経験で言えば、記者として毎日のように顔を合わせて親しくなっても、政治家は決してカネと女の話は明かさない。おそらく「恥部」と思っているのであろう、どうしても隠そうとするのである。

第三に、これはかなり本質的なことだが、現在進行形であり、評価が定まっていない中で政治家に対する評価を下さなければならない。それも、単に個人の資質を論ずるだけでなく、時代を描きながらの評価が必要になる。書く側の時代に対する洞察力も問われるのである。

第四に、取り上げる政治家に好悪の感情は持っているとしても、それをあからさまに出すことは慎まなければならないという自制が働いてしまう。公正であろうとすればそれだけ筆鋒は鈍らざるを得なくなってしまうのである。

以上の点に照らして、『戦後政治家論』を見ればどうなるだろうか。私にはいとも軽々とこれらのハードルを越えているように思える。これほど歯に衣着せぬ容赦なき批判ができるということは、確かな取材に裏付けられた確信がなければならないからだ。

この評論が雑誌『文藝春秋』に書かれたのは昭和二十八年から二十九年、第四次吉田内閣から第五次吉田内閣にかけての頃である。後に首相になる池田勇人については、「全く夢も理想もない、平凡の青年だった。もし彼に夢があったとしたら、立身出世というような、低俗な希望だったであろう」と断じている。池田の友人たちは、彼の荒削りがかえってプラスになって将来を約束するというが、荒削りにも二通りある。「大きな思想を内包した荒削りと、無思想の荒削りのそれだった。彼のは後者に属する。だから世間的成功の道具にはなるが、究極において芸術品にはならない」と身も蓋もない。

批判は家庭生活にまで及ぶ。池田が最初の妻を亡くし、「忍ぶ草」という追悼の冊子を出したことに触れながら、「文章は拙い。六年生程度であろう」と酷評、「惜しいことに思想がないので、ただ苦しかった、修養になったというのみで、人間的にも精神的にも、掘り下げたものはなかったらしい」と追い打ちをかける。さらに、二番目の賢夫人に長女が生まれると、最初の妻の名をそのまま付ける神経を問い、「池田という人間の感情生活には、何かポカリと口をあいた抜け穴があるようだ。……私にはこの抜け穴が、ともすると飛んでもない不人情に聞える発言をさせるのでないかと、思われてならない」と懸念する。いちいち的を射ているだけに、相手には致命傷になりかねない。

吉田批判の激しさ

しかし、『戦後政治家論』の最大の特徴は、吉田批判の激しさであろう。吉田首相が来日したニクソン米副大統領と会談している最中、鼻血を出した。それは精力過剰というより血の逆上が原因だろうと推量し、国内的には手のつけられないワンマンも、対外的には理想のイエスマンだったと評した。「多年の外交官生活が、外尊内卑の習性をなさしめたものであろう。さらにまた、多年の官僚生活が、権力服従の習性をなさしめた」と断言するのである。

吉田が「座談の名手」と呼ばれていることについても、異議を唱える。吉田と対談し、言葉の魔術に魅せられないものはないそうだが、この魔術も二度三度と重ねるうちに、たちまち固い岩盤につき当たり、それから先へ深入りすることができないのを感づくようになる。「それはスレッカラした婆ァ芸者の話術に似ていた。惹きつけはするが、惚れさせるには、心の底が冷たかった」。なんとうまい表現なのだろうと、うなってしまう。

吉田は昭和二十年四月、反戦の罪で憲兵隊に検挙され、六月下旬に不起訴処分で代々木の陸軍刑務所から釈放された。このとき同じく釈放された二人は青色の獄衣を着たまま家路を急いだのに、吉田がまず腰をおろしたのは待合の女将宅だった。オシャレな彼のことだから、獄衣の姿では恥ずかしいというつもりはあったかもしれない。しかし、何を措いても妻子肉親の顔をみたい、みせたいというのが人情だろう。「そんなところにも、心の冷たさが現われていた。私は、彼の家庭生活がどんなものか知らない。想像するに、暗い感じがたてこめているように思われてならない」と容赦がないのである。

吉田は花柳界でも相当発展家であったが、この世界で誰一人吉田を良くいうものがなかった。何かというと新橋あたりのイキな遊びをひけらかしたからだ。結局のところ「吉田の通人ぶりとは、畢竟するに、落語に出てくる酢豆腐者流の如きものかもしれない」。こうしてみると、吉田の何から何まで気に入らない風なのである。

ここでは池田と吉田を取り上げたが、読みながら、ここまで辛辣になる理由は何だろうかと考えてしまう。その指摘はことごとくが相手の急所を突いていることを考えれば、単に本当のことを書いているからにすぎないとも言えるが、ここまではなかなか徹底できないものである。阿部眞之助の内的動機とは何だったのか。

欠点を克服して立派なリーダーになってほしいと思う「親心」なのか。あるいは、厳しく批判することがジャーナリズムの役割であるという「新聞記者魂」なのか。さらには、国家の行く末を心配しての「憂国の情」がそうさせるのか。それとも、単なる偏屈な頑固オヤジの所業なのか。難しいところである。

吉田の政治に対する基本的な考え方に強い不満があったのは確かだろう。再軍備問題について吉田が、「再軍備反対」と言いながら、「事実上の軍隊を持ち、更にこれを増大しようとしつつある。これがどんなに国論を迷わせているか知れなかった。いまや善にもせよ悪にもせよ、再軍備につき態度を明確にして、雌雄を国民によって決すべき時がきたのだ」と書いていることでもわかる。

自衛隊が発足してからもう六〇年以上の歴史を刻み、国民に定着しているにもかかわらず、いまだ憲法学者の七割以上が違憲論者である。その責任の大いなる一端は吉田が負うべきであることを考えれば、阿部の見識と先見の明には敬意を払わなければならない。と同時に、「反吉田」の根底には、どうしても吉田という人間とソリが合わないこともあったのではないかと推測せざるを得ない。

「女性」が潤滑油

〝眞之助講談〟はただ辛辣なだけではない。潤いも随所にある。和田博雄論などがそうだ。企画院事件で監獄に入った和田にとって堪え難かったのは、妻を思う情だった。彼は人の一〇倍もの愛妻家だった。およそ世間に愛妻家と称せられる人は少なくない。しかし、妻を持つ以前から、妻を持ってから二〇年以上になろうというのに、妻以外には脇目も見ないというような人間は、そんなにザラにはいない。

和田は家庭奉仕日をつくり、細君に奉仕した。菊池寛も土曜日を家庭奉仕日にあてていた。しかし、菊池の場合は普段の生活がダラシなく、女関係が数え切れないほどあったので、せめて週一日ぐらいは、罪滅ぼしに家庭奉仕しようというのだから、和田の場合とは雲泥の違いがあったとし、そのあと阿部らしからぬロマンチックな文章が綴られる。「和田が獄中で妻を想う情は、月並の譬えだが、秋の月夜に妻を恋うる牡鹿のようなものであったかも知れない」

『戦後政治家論』の特徴は、圧倒的に女性への言及が多いことである。とりわけ保守合同の立役者になる三木武吉がそうだ。そもそも女に持てる面相ではなかった。それでも次から次へと女が出来るのは、身を張ってかかる執念に相手が圧倒されるからだろう。三木について女の話をするのは、何もスキャンダルを暴露する悪趣味によるものではない。彼から女話を取り去れば、三木という人間の半分しか語らないことになるからだ。「女に対する態度が、すなわち彼の政治に対する態度でもあるからだ」と論を展開していく。

三木にまつわるお妾さんの話はつとに有名だが、阿部はこんな風に書く。「世間には、女から女に移る人は、稀ではない。しかし、後の女を手に入れれば、前の女を捨てるのが通例だった。ところが三木の場合は、女から女に移りはするが、女を捨て去ることはしなかった。……だから女が、貯金をするように溜まってしまった。いまでも女は五六人はあるようだ。何れも六十の坂を越したようなお婆アさんばかりで、使用に堪えそうなのは一人もいない」。なんとも直截的な表現であり、それゆえにストンと落ちる。

いったん関係した女を、終生捨てない情誼の厚さが三木にはあった。しかし、それは政治の中では必ずしも発揮されなかった。彼の政治哲学を聞いたことはないが、政治とは一種の権力闘争で、情誼のごときは実際政治においては第二義的要素でしかないと考えていたからではないか。この点、吉田の政治観と甚だ似たところがある。三木は目的を果たすまでは根気よくねばった。「蛇の執念は、相手方に嫌悪を催おさせるのみであるが、彼の執念には明るさがあった。……遊び人が盆茣蓙の上に坐って、カラダを張っているようなところがあった」。こう紹介すると、明らかである。吉田論とは異なり、三木論にはユーモアがあるのである。

「党人」への共感

ユーモアと言えば、大野伴睦論にもそれが見える。大野の「童貞論」など思わず笑ってしまう。大野は富士見町あたりで遊興し、ここで童貞を破られたと言っていた。もっとも彼は幾種類かの童貞を持っていた。娼妓による童貞は、すでに吉原において破られていた。そして彼によると、最後の童貞を、妻によって破られたそうである。ここでは大野の憎めない明るさが見事に描き出されている。

大野の政治家としての本質は、豪放らしく構えていても、親孝行や女房孝行がどう世間に受けるかの、大衆文芸的人情の機微をちゃんと心得ている政治家であることだ。選挙に二度落選、三度目に立候補したときには、郭の姐さんたちを検番に集めて声涙ともに下る演説をした。一度破れ、二度倒れ、三度もし落選するが如きことがあれば、何の面目あって、郷党の人々に顔合わされようか。頭を円めて坊主になり、南洋に移住して、再び日本の土を踏まない覚悟ですといった。これが姐さんたちをホロリとさせ、最高得点につながった。

それゆえだろうか、大野は代議士になっても、大臣になっても、院外団時代と、人間的に成長していない。しかし、変わらないところに珍しさもあった。大野についてのここからの表現が、阿部眞之助の本領である。「明治時代の稀本を、古本屋で発見したような趣である。そうはいっても年が年で、何となく一種の風格ができてきたことは争われない。庭の石燈籠に苔が生えたようなものであろう」

読み進むにつれ、だんだん見えてくるものもある。阿部人物論は、官僚政治家には厳しく、党人政治家には比較的甘いことである。緒方竹虎への優しさはその証左であろう。「政治家は歴史という名の法廷で裁かれる被告である」。中曽根康弘の名言である。それに倣えば、『戦後政治家論』は、政治評論という法廷で、阿部眞之助検察官に論告求刑を受ける政治家の群像といった趣である。被告にもそれぞれ言い分があろう。生きているうちに、弁明して欲しかったという気がしてならない。弁明書が一冊になったら、斯界の欠くことの出来ない史料になったに違いない。

読み終わってつくづく嘆息してしまう。これだけ自信をもって批判できるためには、水も漏らさぬ取材がなければならないはずである。そして、にらまれることを百も承知で書かざるを得ないという使命感がなければならない。それだけのものを、とても自分は持ち合わせていないと思ってしまうのである。

（文春学藝ライブラリー、一四〇〇円）

（本書解説、二〇一六年四月二十日）

政治家の器量を問う

岡崎守恭著『自民党秘史——過ぎ去りし政治家の面影』

「政策」が大事だという。その通りだが、政治の基本は「人」である。長い政治記者生活を通じての著者の信念だ。それなのに今はどうだろう。「顔」の見えない政治が跋扈《ばっこ》している。その怒りがこの書を書かせたと言ってよい。そしてあたかも神が細部に宿るように、一見小さなエピソードに政治の本質が潜んでいる。それが満載されている。

「二階堂擁立劇」があり、薄氷を踏む思いで総裁再選にこぎ着けた中曽根康弘氏は、その立役者・田中六助を病床に見舞い、感謝の気持ちも込めて軽井沢の紅葉の小枝を持って行った。その「赤」を見ながら田中は句を詠んだ。

野分去り　澄《すみ》わたりたり　茜燃《あかね》ゆ

総裁選を控え、宮沢喜一が金丸信に会った。その第一声は「金丸先生は農大を出ていらっしゃる。そいつはお出来になりますなあ」だった。金丸は「まあ表門から入って裏門から出たようなもんですがね」ととぼけたが、いい気分であったはずがない。それでも悩んだ末「国民の声」を考え、宮沢を支持した。

政治家の器量は夫人の器量にもつながる。金丸夫人・悦子さんの金丸評は秀逸である。

「金丸は何かすごい政策を持ってなんとかとか、そういう人じゃないんです。政治家は多くの耳と冷たい目を持って、流されないようにしていけばいいんですよね。まず池に石をポーンと投げて、その波紋でみんなに考えさせるというやり方ですね」

この書は「政治記者」論でもある。著者はある時から割り切って、政治家の人となりを知ることに重点を置いてきた。極言すれば、取材というより毎日、毎日、「顔」を見に通っていたのだと謙遜する。そこには、「顔」を見ようとしない昨今の記者への不満があるのだろう。

その意味でも、この書は副題の「過ぎ去りし政治家の面影」とともに、「過ぎ去りし政治記者の面影」をも描いている。

（講談社現代新書、八〇〇円）

（二〇一八年三月四日）

韜晦の政治家

渡邊満子著『祖父　大平正芳』

最近の政治風潮に関連して、こんな意見をしばしば耳にする。「安倍政権になって、自民党は大きく右に傾いてしまった。こういう時こそ、池田勇人以来の宏池会の伝統ともいうべきリベラルな対抗軸を示して、日本を誤りのない方向にもって行かなければならない」。そして、中心は二つあるべきであるという大平正芳の「楕円の思想」の重要性が語られる。

しかし、「いまなぜ大平正芳か」ということで言えば、私は違う意見を持っている。それは右傾化に対して左でバランスを取るなどという消極的、防御的なものではなく、いつの時代でも政治や政治家に求められる普遍的なものを大平の中に見るからである。いまの政治に欠けているものを大平は体現していたからである。

その第一は、政治には限界があることへの深い洞察があった。政治は何でもできるものではなく、権力は抑制的でなければならない。「権力はそれが奉仕する目的に必要な限りその存在が許される」（「新権力論」）のだ。権力者は「全能の幻想」を持ってはならず、慎み深く、韜晦の気持ちがなくてはならないのである。「政治とは鎮魂である」と大平はしばしば口にした。人々の魂を鎮めるのが政治、とは何と深い言葉だろう。

第二は、政治を常に公的なものとして考えていたことだろう。権力を行使することにおいて慎重だった大平だったが、福田赳夫との激しい権力闘争の最中に倒れ、帰らぬ人となった。政治に潜む非情な宿命を見ずにはいられない。辞任を迫る福田に、「俺に辞めろということは死ねということか」と憤然として席を立つが、大平の真骨頂はその後にある。

福田と激しい口論の末首相官邸に戻った大平は、官房副長官だった加藤紘一にこう聞く。「加藤君、福田さんは俺に辞めろと言った。しかし、次に誰を総理にしたらいいと思うか。加藤君、言ってみろ」。加藤が下を向いて黙っていると、しばらくして大平は呟いた。「俺が辞めたら、日本のために総理にすべきは福田さんだろう」。恩讐を超えて国家全体を考える。それが真のリーダーなのである。

「政治とは最高の道徳である」とは福田赳夫の名言である。道徳家に政治をやられてはかなわないとは思うが、リーダーは道徳を重んじてもらわなければ困る。道徳とは平たく言えば「礼節」ということである。大平は「礼節の人」だった。それは神崎製紙の創立者、加藤藤太郎への接し方にもよく現れていた。旧制三豊《みとよ》中学（現・観音寺《かんおんじ》一高）から旧制東京商大（現・一橋大学）を通して大平の先輩だった加藤は、香川県内の恵まれない子どもたちを大学に行かせようと自ら奨学金制度をつくった。その加藤を、大平は深く尊敬した。大平が加藤を神崎製紙に訪ねる時、玄関に車を乗り付けたことは一度もなかった。いつも玄関から離れた場所で車を降り、歩いて玄関に入った。自分が心から尊敬する人のところに車で乗り付けるなどという礼節のないことを自らに許さなかった。

家族を大切にし、ふるさとへの愛着を常に抱いていることもリーダーにとって大切なことである。大平にそれが体現されていることは、本書を読めばよくわかる。長男正樹への慟哭の文章は何度読んでも魂を揺さぶられる。大平が描いた田園都市国家構想は、ふるさとへの愛情の発露以外の何ものでもなかった。

身内が書いた指導者論は少なくない。しかし、この書ほど多角的でバランスのとれたものも珍しいだろう。政治の大状況を的確に捉えながら、身近な人間でなければうかがい知ることのできない細やかな描写がいたるところにある。公人として突き放してみるべきところは突き放し、政治に必要なものは何かを公正な目で描いている。それにしても大平家の「通夜の客」は秘密に満ちている。

（中央公論新社、一六〇〇円）

（本書序文、二〇一六年二月十日）

真の政治主導とはいかにあるべきか

長谷川和年著
『首相秘書官が語る中曽根外交の舞台裏――米・中・韓との相互信頼はいかに構築されたか』

中曽根内閣で約四年間、総理秘書官を務めた外務官僚の回想録である。秘書官とはどうあるべきか。首脳外交、真の政治主導とはいかにあるべきかを深く考えさせられる。

「私は身命を賭して総理に奉仕しようと決意した。なにかぱっと総理を刺すような奴が来たならば、私が飛び出していって身代わりになってもいいと思った」

各省庁から派遣される秘書官はどうしても〝本国〟の意向の代弁者になりがちだ。しかし、著者は違った。総理第一に考え行動した。だから外務省ともしばしば衝突する。外務省の先輩・上司に対する辛辣な評も随所にある。

その一方で、中曽根にさまざまな進言をした。東京・西多摩郡の「日の出山荘」での日米首脳会談などその代表的なものだ。常に総理と一体であろうとしている。

中曽根が主体的、戦略的に外交を進めようとしたこともよくわかる。政策スピーチは中曽根自身が事務方の草稿を字句修正にとどまらず、全面的に書き直したという。内閣発足直後の電撃的な韓国訪問の舞台裏も薄皮が剝がれるように明らかになっている。瀬川高夫・服部龍二・若月秀和・加

藤博章編。（朝日新聞出版、二六〇〇円）（二〇一四年五月四日）

リーダーの本質問う

服部龍二著『中曽根康弘——「大統領的首相」の軌跡』

「歴史を作る最良の方法は、それを書くことだ」。ウィンストン・チャーチルの名言である。それを実践するかのように、中曽根康弘ほど回顧録はじめ多くの記録を残している政治リーダーもいないだろう。

それだけに中曽根評伝を試みる者には「中曽根史観」に流されない用心が求められる。著者はあらん限りの資料を渉猟、二九回も本人にインタビューして公正であろうと努めている。「中曽根政治」を考える最も基本的な文献になるだろう。

この評伝を通じて著者が明らかにした中曽根政治の本質は、外交に象徴的に示されている。世界大の視野で戦略的、体系的に展開する一方で、首脳間の個人的信頼関係を大切にするなど、「情」と「理」を併せ持っていたことだろう。

著者は、中曽根が無役になるたびに外国を訪問、国際情勢への理解を深めて、首相になった時に活《い》きたことを強調している。訪米した際には政治家の演説のレコードを大量に持ち帰ったというエピソードも紹介している。「ケネディ・マシーン」にならった「中曽根マシーン」の人脈づくりも含め、すべてが首相への道に通じていたことがわかる。

時に応じ主張と立場を変える中曽根は「風見鶏」と揶揄された。「今日本で一番必要なのは『風見鶏』だと思う。『風見鶏』は足はちゃんと固定している。からだは自由です。だから風の方向が分かる。風の方向が分からないで船を進めることはできない」。中曽根の弁明であり、信念でもあった。本書を読めばそれもある程度理解できるだろう。

埋《うも》れ火は　赫《あか》く冴《さ》えたる　ままにして

九十七歳で色紙にしたためた自作の俳句である。白寿を目前にして、なお自らの内部に沸々たるものを秘めている。中曽根政治への評価はさまざまあろうが、リーダーに最も必要なものは何かを考えるうえで本書は裨益するところ大だろう。

（中公新書、九〇〇円）

（二〇一六年一月二十四日）

国家を体現した「生涯一書生」

中曽根康弘著『自省録——歴史法廷の被告として』

「芸術としての政治」の電撃訪韓

一九八三年一月五日、中曽根首相は同十一日から韓国を訪問することを発表した。この電撃訪韓に当時首相官邸担当だった私は驚愕した。気配すらも察知できなかった。というのも、日韓関係は最悪の状態にあった。教科書問題などで、韓国内で日の丸は焼かれ、日本政府の高官は「韓国にはびた一文カネはやらない」と公言していた。日韓関係は二〇年間改善されないだろうとさえ言われていた。

驚きの後には、中曽根は韓国で暗殺されるのではないかと懸念した。北満州・ハルピンで安重根に暗殺された伊藤博文の二の舞いになるのではないかと本当に思ったのである。しかし、杞憂だった。日本から韓国に四〇億ドルの経済協力をすることですんなり合意した。その蔭には、実は「周到なる準備」があった。

韓国政界に人脈を持つ旧陸軍参謀の瀬島龍三（当時伊藤忠相談役）に頼み、韓国との間で極秘の根回しをしていた。公然と動けば察知されるため、瀬島は羽田ではなく伊丹から韓国に向かった。

釜山《プサン》から船で渡った。中曽根自身は、総理になる一年前から密かに韓国語を習っていた。NHKの韓国語講座をカセットに録音して、移動の車の中や風呂で聞いて覚えた。

中曽根は十一日に韓国・金浦《キムポ》空港に着くや、空港での第一声を半分韓国語、半分日本語であいさつした。全斗煥《チョンドファン》大統領主催の歓迎晩餐会では、冒頭と最後の部分、全体の三分の一を韓国語で演説した。その後の小宴では、韓国で最も有名だった歌謡曲「ノーラン・シャツ・イーブン」（黄色いシャツを着た男）を韓国語で歌った。お返しに全斗煥大統領は「影を慕いて」を日本語で歌った。これによって、日韓関係は飛躍的に改善した。

韓国の大統領は、ほとんど例外なく、辞めると旧悪を暴かれる。本人が逮捕されるか、自殺するか、家族が捕まるかが通例である。全斗煥大統領は民主化を弾圧した罪で逮捕され、罪に服する代わりに、山に入って隠遁生活を余儀なくされた。そんな全斗煥に、中曽根は寒かろうとウールの靴下を送り、甘い物も欲しかろうと羊羹を送った。そして、わざわざ罪人のところに出向いて激励した。

紙幅を費やしてこのエピソードを紹介したのは、ここに「中曽根政治」が集約的に示されているからである。重要な政策決定はひそやかでなければ成就しえず、電撃的決断の背後には「周到なる準備」がなければならず、首脳間は、深い絆で結ばれていなければならないと固く信じていた。それはレーガン米大統領とも、中国の胡耀邦総書記との間でも同じだった。

大命降下のあったときから

もうひとつの、極めてささやかな個人的なエピソードを紹介したいと思う。二〇〇八年八月一日、福田康夫首相は内閣を改造した。八方ふさがりの状況の中、なんとか局面を打開しようとしたのである。しかし、その甲斐もなく、一カ月後には辞任することになるが、改造内閣は何をすべきなのか。それを聞くため、軽井沢で避暑中の中曽根を訪ねた。

お父さんが建てたという別荘に入ると、書斎の机の上には読みかけの中国関係の本があった。中国が台風の目になると思ったのだろう。インタビューが始まると、分厚いメモを手にしている。こちらからは質問の柱しか出していないが、中曽根は、A4を半分にしたメモ用紙にびっしり書き込んでいる。

インタビューが始まると、新聞の見出しになることを次から次へと話してくれる。思わず聞いてしまった。「いつから準備していたんですか」。返ってきたのは、「それは大命降下のあった時からでした」だった。こちらがインタビューを申し込んだ時から準備していたというのである。手を抜くということは中曽根の辞書にはなかったのだろう。

「政治の要諦」は人事にあり

歴史家、文筆家としても著名な英国の元首相ウィンストン・チャーチルは「書かれたものが歴史である」という名言を残している。実際チャーチルは多くの著作をものしたが、中曽根もそれを実践するかのように、私の手元にあるだけでも、全六巻の『中曽根内閣史』（世界平和研究所）をはじめ、『天地有情』（文藝春秋）、『政治と人生』（講談社）、『命の限り蟬しぐれ』（徳間書店）、『日本人に言っておきたいこと』（PHP）、『政治と哲学』（同）、『リーダーの条件』（扶桑社）、『波濤を越えて』（政策科学研究所）、『新しい世紀へ向かって』（中曽根康弘事務所）、『保守の遺言』（角川書店）、さらには各種句集と、これでもかこれでもかと出版している。

その中でも、詳細な回顧録である『天地有情』と本書『自省録――歴史法廷の被告として』は代表作品と言っていいだろう。前者はその網羅性において、後者はその深さにおいて。『自省録』を読んでいると、「中曽根政治」の特徴とは何であるかが浮かび上がってくる。

その第一は「人事の妙」である。「政治の要諦は人事にある」と言われる。後藤田正晴の官房長官起用はその典型である。官房長官は女房役であり、自派閥からもっとも信頼できる者を選ぶのが政界の常識である。にもかかわらず、他派閥というだけでなく、こともあろうにロッキード事件の被告田中角栄の〝懐刀〟を選んだ。

「角栄のごり押しに屈した」などと世の指弾を受けるのは必至である。現にわれわれもそう思ったし、組閣翌日の新聞は「田中曽根内閣」「ロッキード内閣」などの見出しが踊った。しかし、中曽根にとっては、官僚を押さえ、内閣としての使命を全うするためには後藤田起用は究極の一手だった。その決断に誤りがなかったことはほどなくして実証されることになる。

国鉄の分割民営化に反対する仁杉巌《にすぎいわお》総裁以下の「辞表受け取り」事件は、人事権をフルに使った鮮やかな政治と言ってよい。国鉄改革のため、総裁として送り込んだ仁杉だったが、縄田国武《なわたくにたけ》副総裁ら改革抵抗勢力に取り込まれてしまう。仁杉を総裁にしたのは田中角栄の推薦によるものだったが、クビにすべく辞表を持ってこさせ、副総裁の辞表も持ってこなければ受け取れないと押し返す。副総裁らは脅しのつもりで全理事の辞表を差し出す。中曽根はこれをもっけの幸いとばかり、すんなり受け取った。これで一件落着になった。このあたりの呼吸は、幾多の修羅場をくぐり抜けていなければできないことだった。

総理総裁の使命とは、何よりも当面の政治課題を解決し、将来の展望を示すことによって国民に希望を与えることである。と同時に、次の世代を担うリーダーを育てることも大事な役割である。

それを中曽根は、安倍晋太郎、竹下登、宮沢喜一の「安・竹・宮」を次のリーダーとすることで果たした。安倍は外相として外交を、竹下は蔵相として財政を、宮沢は総務会長として党内の取りまとめをさせることによって、総理大臣になるための資質を磨かせたのである。

『自省録』では、ニューリーダーを起用することで政治の若返りを図ろうとしたと述懐している。自らの権力基盤を確固たるものにする狙いも当然ながらあっただろう。三人は総理を目指すなら与えられたポストに全力を傾注し、中曽根に認められるように忠誠を尽くさざるを得なかった。それは当然ながら中曽根内閣の業績となり、最後は、後継首相は中曽根に決めてもらうということになった。

結縁・尊縁・随縁

「中曽根政治」の第二の特徴は、人脈を大切にしていることだろう。昭和二十年代末期から毎年、手帳の最後のページに「結縁・尊縁・随縁」（縁を結んだら、その縁を尊び、その縁に随《したが》う）と書いてきたという。人脈の太さ、広さ、深さという点で、政治家としては群を抜いているように思われる。

中曽根という中心の一番近いところには、たとえ獄に繋がれることも厭わない秘書グループがいた。その周りにはマスコミ関係者、地元の支持者、派閥の国会議員、そして学者グループというように幾重にも「人間の輪」が取り囲んでいた。この人たちは、「いざ鎌倉」という時にはいち早く駆けつけてくれるのである。

中曽根は助言を大切にする人でもある。きちんとメモに残している。戦後まもない頃の徳富蘇峰との邂逅は中曽根の政治家人生にとって極めて大きかったに違いない。「これからの時代は流動するから、大局さえ失わないなら、大いに妥協しなさい。西郷南洲くらい妥協の好きな男はいなかった」というアドバイスは、「風見鶏」と批判され、揶揄されるたびに激励され、自らの行動への確信につながったことだろう。

それにしても、蘇峰の人間観察の鋭さ、卓抜さには敬服せざるを得ない。人物として蘇峰が評価したのは緒方竹虎と松村謙三だった。二人は「大きな太鼓のようで、大きくたたけば大きく鳴り、小さくたたけば小さく鳴るよ」。三木武吉については「大野伴睦が弁護士になったような男。一世の勝負師だ」。大麻《おおあさ》唯男には「茶坊主第一等。手をたたけば最初にお茶を持ってくる」と評したという。

『自省録』のおもしろさのひとつは、政治家の人物月旦《げったん》にある。吉田茂、池田勇人は酷評と言っていい。特に吉田については、「あの人は大物のように見えて、実は意外に太刀を使わないで短刀を使う、つまり小技を弄するところがありました」「本質は、政治的にはオポチュニスト、便宜主義者でした。……その狡《ずる》さに私は嫌悪感を持っていました」という辛辣さだ。

反対に、岸信介、佐藤栄作への評価は高い。自分の知る総理大臣で、宰相学を本当に身につけていたのは岸、佐藤の二人だけだったとさえ語っている。佐藤は「孤独でさびしがり屋で、人見知りする性格。その裏返しとしての傲岸さ。それらが複雑に織り成す佐藤栄作という独特のパーソナリティは、積み重ねた政治の実績ほどにはジャーナリズムからは評価されず、国民には親しまれなかったようです」と書いている。あたかも心理学者のようである。

自らは官僚中の官僚である内務省の出身だが、概して官僚政治家への評価は厳しく、党人政治家への目は優しい。鳩山一郎を囲む三羽烏《さんばがらす》に対する比喩は、これ以上の表現は見つからないほど巧みである。「三木武吉がいろいろお膳立てをして、薪を持ってきて積んで、河野一郎が火をつけ、酒を沸かし、鳩山が大野伴睦のお相伴で飲んだ。しかし、お銚子一本で終わってしまった。そういう印象を鳩山とこの三人の関係に私は抱いてきました」

角栄へのアンビヴァレントな感情

一九一八年の同年生まれで、一九四七年の初当選も同じという「同期の桜」田中角栄は、永遠のライバルであり、愛憎相半ばする感情を持っていたことを隠そうとしていない。池田勇人と佐藤栄作の二つの梯子を上手く並べて両方に足をかけて登り、のし上がった。「非常に世故に長《た》けた、処世に器用な人だったことがわかる」と書いている。逆立ちしても自分にはできないが、自分は決してそんな人間にはならないという宣言にさえ聞こえる。

田中角栄的政治への嫌悪感は、日本列島改造論への痛烈な批判にもよく表れている。列島改造論には自分は終始批判的だった。なぜなら、それは「田中式開発発想」にすぎず、とてもほんとうの政治哲学といえるような代物ではないからだ。ほんとうの政治というものは「列島改造」というような安直なものではなく、日本改革論といった姿をした、もっと厳かなものであるべきだと思ったからだ。中曽根の面目躍如たるものがある。

こうなると、政治手法というよりも、もっと根本的な生き方の問題なのかもしれない。学歴もなく、ひたすら自分の力でのし上がらざるを得なかった角栄と、恵まれた家庭でエリート教育を受けた中曽根の違いは歴然としてあるだろう。角栄が朝早くからバスでやってくる地元の支持者の陳情を聞き、鯉に餌をやって首相官邸に出かけるという毎日は、中曽根から見れば許し難い所業だった。なぜなら「朝という時間は一日のうちで一番大切なときで、静かにものを考え、国策を練る厳粛な時である。だから総理たる者は、朝は自分のために取っておかなくてはならない」からである。

権力の「魔性」を自覚する

大平正芳について、中曽根は「哲人的要素のある政治家で」あり、「人間的には深みがあり、魅力と底力のある大物の政治家」と評価する一方で、結局のところ、「外交政策や経済政策などにおいても、所詮は池田勇人、佐藤栄作が引いた路線以上には出」なかった。大平も宮沢喜一も「官僚的序列のなかの優勝者」にすぎなかったと評価は低い。

ただ権力とは何か。権力を行使する者が心しなければならないのは何かについては共通しているように思われる。中曽根は言う。『権力の魔性を自戒せよ』と自覚しなければならないのです。権力は決して至上ではありません。権力、とくに政治権力は、本来、文化に奉仕するものです。文化発展のため、文化創造のためのサーバント（奉仕者）なのです」

大平は一九七一年三月九日の『日本経済新聞』に「新権力論」というエッセイを書いた。極めて味わい深いものがある。

「権力というものが、それ自体孤立してあるものではなく、権力が奉仕する何かの目的がなければならないはずだ。権力はそれが奉仕する目的に必要な限りその存在が許されるものであり、その目的に必要な限度において許されるものだ」

「権力の本体は、……権力者自体の自らの在り方にあるのだということだけは銘記すべきであろう。術策の分量やその組み合わせの巧拙よりも、権力主体のあつめる信望の大きさが、その権力に本当の信頼と威厳をもたらすものである。アンドレ・モーロアは『他人を支配する秘訣は、自らを支配することを体得することにある』と言っておるが、権力の主体に対する頂門の一針というべきものであろう」

思索する政治家

『自省録』に書かれているレーガン米大統領はじめ外国のリーダーに対する評価、中曽根内閣の事蹟、さらには先の戦争をどうみるかという歴史観などについては触れる余裕がなくなってしまった。最後にどうしても言及しなければならないのは、中曽根は「思索する政治家」であるということである。

五年弱の総理在任中、毎週日曜日の晩、東京・谷中の全生庵《ぜんしょうあん》で座禅することを常とし、その数は一六七回に上った。座禅とは無意識の世界の探求であり、沈潜だった。座禅が終わると、和尚が鐘をひとつ叩いてくれる。「このとき、ガタガタと自分の身体が崩れて、溶解していくのです。そして無意識の世界の中で、ふつふつとした、何か温かいものに包まれていることを感じます。同時に一方で、懺悔の気持ちも起こります」と書いている。

中曽根にとって、カントの『実践理性批判』の一節は、生きる指針だった。「繰り返し、じっと反省すればするほど常にそして高まり来る感嘆と崇敬の念を持って心を満たすものが二つある。わが上なる星の輝く空と、わが内なる道徳律である」。そしてわが生涯を振り返って思う。「確かに過《あやま》ちも犯したでしょうが、人間の深奥に道徳律があるということについて、私は根本的に疑ったことはないのです。良心と日本的に言ってよいかも知れません。そして、人類がお互いに話し合うことで、理解し合えるのはこの普遍的な道徳律を共有するからだと、半ば信念のように思っていました」

『自省録』では、こんな信条も吐露している。「自然、動物、植物は大宇宙からともに与えられた仲間です。この『草木国土悉皆成仏』という哲学が、私にはあります。悉皆成仏とは、私も同じ仏であるということかと思います」

『自省録』と言えば、ローマの皇帝マルクス・アウレリウス（一二一―一八〇）が施政の余暇や出陣の合間に記した同名の古典がある。ストア哲学を代表するこの作品は「どれにも体験がにじみ出ている。自分の欠陥を戒めるもの、他人の過失を弁明するもの、抜き書きのようなもの、出来事に出会ってぶちまけずに……静かに反省し、ストア的立場から自分自身にいいきかせるようなものなど多岐にわたる」（『世界の名著』鹿野治助解説）。

「母からは。――神には敬虔、ひとにはもの惜しみせず、またたんに邪悪な行ないを慎むのみならず、心のうちにそれを思うことさえ憚る心を。さらには、日々の生活面での簡素な暮らしと、金持の暮らし方より距《へだ》たること遠いその生活態度とを」

マルクス・アウレリウスのこの言葉から、つい中曽根が母を追憶し、語る時の響きに似たものを感じてしまう。中曽根はまもなく九十九歳になる。いまなお世界平和研究所に〝出勤〟し、国家の行く末を案じ、勉強、勉強の日々を過ごしている。元官房長官藤波孝生が評したように「生涯一書生」なのである。

（新潮文庫、五五〇円）

（本書文庫版解説、二〇一七年二月）

澄明で清々しい回想

上田七加子著『道ひとすじ――不破哲三とともに生きる』

「僕は君のすべてを知っているわけではない。君について九十九％は無知であると言ってもよい。しかし僕は最後の一％だけは知っているつもりだし、その一％に関する僕の知識において、僕は君全体を知っていると断言できる」

十九歳の上田建二郎（不破哲三）のラブレターに、二十歳の七加子は「私たちはまだお互いに、相手のことをよく知らない。もう少し落ち着いて、期間をおいて考えたほうがいい」と答える。その躊躇への建二郎の手紙である。

不破さんとともに歩んだ七加子さんの人生に心打たれるのは、知らないことを自覚しつつ、知っている確実な「一％」に、その時その時全力を尽くそうとしたからだ。

七加子さんにとって「ひとすじの道」とは、もっとも人間らしく生きられるように、よりよい社会を目指して働くことだった。アルバイトをしても、共産党活動をしても、選挙運動していてもそれは貫かれた。

　どうして可能だったのか。自分で考え、自分で確かめ、自分で決めてきたからである。常に自立的であろうとしたからだ。だから自分の選んだ道に後悔などしない。この回想には、じめじめした言い訳がない。澄明な清々しさがある。悔いはお母さんが「共産党に入りたい」というのを、党内の混乱を考え、止めたことだ。

　このお母さんがおもしろい。田舎の法事などの慣習にはちゃんと従ったが、自分の両親の墓参りは一度もしなかった。花や饅頭《まんじゅう》を持っていっても死者は食べることはできない。それよりも生きているうちに自分でできることは饅頭ひとつでも持って行く。そうお母さんは親に約束、親もそれでいいと言ったという。

　一高時代にマルクスやエンゲルス、レーニンなどの主要著作はすべて読んだという不破さん。「七加子」という名前を最初に聞いた時の感想が「数学的な名前だね」。素朴で篤実な不破さんの人柄も伝わってくる。

（中央公論新社、一五〇〇円）

（二〇一二年六月二十四日）

幕間1　戦後日本と小泉信三——没後五〇年に際して

戦後日本に与えた大きな影響力

こんにちは。私は講演は何でもやるんですが、今日は非常にやりづらいです。小泉信三さんをよく知っておられる方、研究している方もたくさんおられる中、甚だ自信のないことですが、今日は「戦後日本と小泉信三」という題で私が考えている小泉信三のお話をしたいと思います。

小泉信三は一九六六年の五月に亡くなられました。私が大学に入ったのは一九六六年の四月ですから、そのわずか一カ月後です。あれから五〇年たったのかと、感慨もひとしおですが、今の時代に小泉信三をどう考えるか、という意味では非常に大事なタイミングだと思います。

今日は、私は経済学のことは全くわかりませんので、戦後日本と小泉信三を考えるとき、自分が少しは関係ある話に絞りました。共産主義に対する批判と、平和論、そしてもう一つは皇室との関係です。

なぜ「戦後日本と小泉信三」というタイトルにしたか。小泉信三が戦後の学界、論壇で果たした役割の大きさ、戦後の二〇年間という、ある意味では日本の骨格がつくられる中で果たした影響力の大きさを私はつくづく感じているからです。恐らく今の若い人には想像できないでしょう。私も戦後生まれですから本でしか知ることはできませんが、終戦直後はマルクス主義、共産主義の影響が非常に大きかった。それは政治、経済のレベルにとどまらず、文学に至るまで広範な影響力が非常に強くありました。そういう中で、小泉信三の果たした役割はどういうものであったのか、ということを考える必要があると思います。

戦後になると、戦前に活躍していた旧世代はもう完全に過去のものという風潮がありました。哲学者の和辻哲郎、安倍能成、法哲学の田中耕太郎といった人たちはみな旧世代と位置づけられ、その影響力が弱くなったと見られていたのです。でも私は決してそうではないと思います。筑摩書房の『現代日本思想大系』というシリーズのなかの『新保守主義』（昭和三十八年）という巻で、林健太郎が小泉信三について解説を書いています。これは非常に簡潔でありながら的を射ていると思います。

「小泉信三氏は、わが国におけるマルクス主義批判の先駆者で、しかもその業績が今日に至るまで凌駕されぬ高さを持っている。小泉氏は明治四十年ごろ、慶應大学において、わが国で『資本論』を原語で読んだ最初の人と言われる福田徳三からマルクスを学んだ。氏のマルクス理解は日本最大のマルクス主義学者と言われている河上肇よりも早い。しかも小泉氏は、マルクス主義に接した多くの日本の学者とは異なって最初からマルクス説に対し学問的態度をもって臨んだ」

小泉さんの最大の特徴は、たとえ論敵であり、主張、主義が違っていても、それに対する学問的態度は極めて厳正、公正だった。私はこれが小泉さんという人を一番特徴づけるものだと思います。例えば河上肇は非常に偏屈な男で、正宗白鳥などは徹底的に批判しています。しかし、小泉さんの書いた河上肇批判は非常に礼儀正しく、とても感動的です。その態度を小泉信三は最後まで貫きました。

共産主義者だった野呂榮太郎をずいぶんかばったことも有名な話です。見事に公正さを貫いたと私は思います。これぞ研究者の基本的な態度であり、そして教育者の最も大切な態度だと私は信じています。当時はマルクスの労働価値説に対し、ヨーロッパでも批判はありました。しかし、決してその批判を直輸入して書いているだけではなく、自ら翻訳も行ったリカードなどと比較研究しながらマルクスの価値論にある矛盾を明らかにしています。

小泉は山川均、河上肇、櫛田民蔵などと論争もたくさん行っています。しかし、林氏によると、『資本論』の理解において、山川、河上両氏の理解をはるかに凌いでいた。さらに、マルクス主義批判者としての小泉信三は、単に経済理論への批判にとどまらないで、国家論、歴史論、世界観全般に及んでいた。そして、その批判はそれぞれの分野において古典的完成に達している、と書いています。林健太郎という人は歴史学者で、東大の教授で総長も務めた人ですが、この人は戦前はマルクス主義者で、戦後転向組です。その元マルクス主義者の林健太郎もこのように評価しているのです。

「一九四九（昭和二十四）年に『共産主義批判の常識』が単行本で刊行されると、氏にとって未曾有の読者を獲得するとともに、マルクス主義者はここに一大敵国の出現を見て驚愕したのであった」

小泉信三はそれだけ論敵にとっては恐るべき人でした。

批判の前に理解する

実は、小泉信三が昭和八年に書いた『マルクス死後五十年』という本の前文にも、マルクスをどのように理解するかということが書いてあります。

「私はマルクス心酔者ではないし、また、度々の機会に彼れに対する反対批評を試みた。しかし今日吾々同様もしくはそれ以下の年配の文筆者でマルクスを知らず、また全くその影響を感じないという者はあり得ない筈だと思う。……洵《まこと》にマルクシズムには許多《あまた》の誇張偏頗《へんぱ》独断矛盾が蔵せられており、これを指摘することはまた必ずしも難事ではない。しかしこれ等の欠点あるに拘らず、予言者的直覚と革命家的情熱と透徹せる異常の推理力とによって、そうしてこれに加うるに精励無比なる文献渉猟に基づいて書かれた『資本論』は、恐らく十九世紀後半における経済学に対する最大の貢献をもって許すべきものであろう」

この序文を読むだけでも小泉の人柄と学問的態度が表れていると言えると思います。

また、「概して独創多き著者は多く読書せず、多く読書するものは独創を欠くのが常であるのに、マルクスにあっては珍しくもこの両者が充分の程度に兼ね備わっている」と書いています。小泉信三が敵を批判するときには、ある種の法則みたいなものがあります。河上肇に対してもそうですが、批判する前に必ず相手の長所を挙げ、敬意を払いながら、その後、厳しく批判しています。これはやり方としては非常に学ばなければいけない。

私などもテレビなどでコメントするときに、「この人はとっても素晴らしい人です。しかし、こういう問題があるんです」という具合に言わなければだめなのです。ところが時間がないものですから、批判のほうばかりする（笑）。これはあまりよろしくない。批判するからにはちゃんと理解しなければいけないわけですね。

また、「マルクスは難解とされている。私は必ずしもそれに賛成しない。難解難解と称せらるるために、かなり正常平明の解釈が妨げられたと思う。読者の側で素直に納得できないことでも、何か深遠な理窟があるのだろうと、考え過ぎて凝り過ぎて、独り相撲に類する解釈を下した例が従来かなりあったと思う」とも書いています。それは今にも通じることです。

「しかしいずれにしても『資本論』その他の著作が、その結論及び用語の上から見て決して平易な本でないことは勿論である。その理解に年月を要したのも無理ではない。而して潜心熟読して漸くその真髄を掴み得たと信ずる者は、先ずその祖述と弁明とに力を注ぐのが当然の順序である。マルクスの死後五〇年間における大多数マルクシストの事業は、この祖述と弁明とに終始し、少数の例外を除けば未だマルクスから出発しながら忌憚なくマルクスを批評し、その欠陥、不備、誇張、矛盾を指摘して大胆に自家の見解を述べるところにまで到達していない」

考えてみれば、「死後五〇年」どころか、今もなお、そういう傾向があるように思います。

ということで、『共産主義批判の常識』はじめ戦後に書かれたマルクス主義批判に関する本は、いささかも『マルクス死後五十年』が書かれた昭和八年から変わっていない。それだけ一貫していたと言えると思います。

『共産主義批判の常識』

『共産主義批判の常識』が書かれたのは昭和二十四年です。いろいろな雑誌などに書かれたものを一冊の本にしています。これは大変なベストセラーになったのですが、この『共産主義批判の常識』、それから昭和二十五年の『私とマルクシズム』、昭和二十六年の『共産主義と人間尊重』といった著書によって、小泉は共産主義、マルクス主義への批判を精力的に展開したのです。

『共産主義批判の常識』は、序にこういうことを書いています。

「マルクス、レエニン主義に対する著者の立場は、既に読者に知られていることと思う。私は多年来反対陣営に属するものと目されている。ただ私は、マルクス、レエニン主義を批判するに方《あた》って何よりも厳正の一事を心がけ、証拠なくして断定することは最も慎んだ。何分本書の如き小冊子では具《つぶ》さに原文を引いて論ずることは出来なかったが、マルクス、レエニンの学説主張は、いずれもその真意を正しく解して取り扱うことを期し、絶えて彼等の不用意の失言に乗ずるということはしてないつもりである」

これを序に書いたのは、恐らく自分の原則的立場をきちんとしておかなければいけない。逆に言えば、そうではないものがあまりに多いので、それに対する批判でもあると私は見ます。

この『共産主義批判の常識』が書かれた時期はどういう時期だったのか。いまだ日本は占領の真っただ中です。そして片山哲、芦田均の二代にわたる中道左派連立政権がついえ去り第二次吉田内閣となり、この前年の十二月の選挙では共産党の議席が四人から三五人と大躍進しました。

序文の中でこう書いています。

「本書の本文脱稿と、この序文執筆の今日との間に総選挙が行われ、日本共産党の著しい進出が現れた。この成功は諸般の外面的事情の外、彼等が理論と組織とそうして或る気概とを持つことによることとは、何人も認めなければならぬ。私は本書で彼等の奉ずる根本理論の容認し難き所以を説いたものであるが、しかも彼等に反対する諸政党が、或るものは理論を欠き、或るものは気概なく、而してその国民の前に示す実践行動が総じて卑俗低調の譏《そし》りを免れないことは、如何にも弁護のしようがない」

それを批判するものが、何とだらしがないことかと書いているのです。歯ぎしりする思いで小泉さんはこの本を書いたのだろうなと強く感じます。

そのように明治憲法下の日本が否定され、共産党が躍進するという大きな時代背景への違和感が、オールド・リベラリストと言われている人たちの中にはあったのです。例えば、南原繁東大総長は天皇退位論を主張するんです。

なぜ退位を主張したのか。それは天皇制打倒を目指しているからではないのです。天皇制を存続させるために今の天皇は退位すべきであるという考えです。美濃部達吉も和辻哲郎もそうです。この人たちは等しく天皇制擁護論です。ところが、この時期に、例えば岩波の雑誌『世界』などで繰り広げられるのは、天皇制に対するより厳しい批判でした。丸山眞男さんなどがそうですね。彼らとオールド・リベラリストは明らかに違う。そういう中、小泉さんは、政治的にも共産党の大きな進出という中で、やむにやまれず書いたのだと思われます。

「万能薬」への疑義

なぜ自分は共産主義を批判するのか、その共産主義反対の理由を非常にわかりやすく書いているのが、『共産主義と人間尊重』という本です。

「第一に、私は生産手段（或いは一切財）の私有を廃止することを、一切の社会悪に対する万能薬（Panacea）と認めない。第二に、生産手段の公有は歴史的必然の約束だという、形而上学的断定を信じない。また、生産手段の公有が仮りに望ましいことであるとしても、その目標に到達するため、階級的憎悪と争闘とを煽るという方法の利害について、甚だしく懐疑的である。否な、増悪と争闘の煽動が人類に齎す恵福は遠くその禍殃《かおう》に及ばないと、私は思う。元来、猜疑と憎嫉は人間の弱点である。その弱点に乗じ、これを煽揚助長して人を動かすマルクシズムを、病人の弱点に乗じて万能薬を売るシャルラタンに比較するのは、失当であるとしても、それによって齎さるる幸福と、それのために忍ばなければならぬ犠牲との比較は、充分慎重でなければなるまい」

これはいろいろなところに適用可能だと思います。話は全然違いますが、私は、小池都政は改革の自転車操業をやっていると思っています。いつまで続くかなと思っています。ボート会場も結局は元へ戻りました。豊洲市場問題も恐らく豊洲になるでしょう。それ以外に手はない。

小池さんが言ってくれたので、これだけ節約できた。決め方もいろいろ問題があった。それを炙り出した大きな功績があったではないかという見方もあるでしょうね。しかし、お金の問題にしても、この間費やされた費用だって、都庁はこの間これにかかりきりなわけですから、相当なものです。

私がテレビでも厳しく批判したのは、基本的に改革しなければいけないことが間違っているのではなく、そのやり方の問題です。例えば、東京オリンピック・パラリンピックのボランティアの制服を全部見直す、といま見直し検討委員会をやっている。でも、デザインの良し悪しは人それぞれの好みによることでもあるわけです。

これを否定できる根拠はただ一つ、手続きに瑕疵があったかどうかです。若いデザイナーに参加してもらおうと公募して、その中から選ばれたんです。ところが、見直し検討委員会はみんなお年寄りで、孫に見せたら、こんなださいもの着られないと言ったとか批判しているわけ（笑）。正規な手続きでやったものをひっくり返して見直し検討委員会をやる、なんて言っていたらきりがないでしょう。私には非常に疑問があります。

こういうところに小泉信三を持ってくるにはちょっともったいない感じがしますが、思考において小泉信三が批判したものとちょっと似ているのではないか、と思ってお話ししました。

これをやればできるのだという何か万能薬があるかのような考え方に対する疑義ですね。フランス革命でどのぐらいの人間が犠牲になったか。すさまじい数です。そういう犠牲も必要なことだと認めるかどうか。小泉さんは決してそうではなかったと私は思います。革命で失われるものの大きさを考えたのです。それが共産主義批判の本を書いた非常に大きな動機だったのではないでしょうか。

実は、戦前の『マルクス死後五十年』と『共産主義批判の常識』等の戦後の共産主義批判の書の大きな違いは、ソ連・東欧が世界の中で大きな陣営になっていくなかで、ソ連・東欧批判にだんだん重点を移して触れるようになっているところです。でも、基本的な認識は同じだったと思います。当時、ソ連も北朝鮮も、まるで天国のようにもてはやされる風潮があるなかで、戦前と変わらず、厳しい批判をしたということは高く評価されなければいけないと思います。

『平和論』――全面講和論に挑む

次に『平和論』（昭和二十七年）に移ります。一九五一（昭和二十六）年九月、サンフランシスコ平和条約が調印されました。しかし、このときすでに冷戦が事実上始まっていました。チャーチルの鉄のカーテン演説はその五年も前のことですが、だんだん東西冷戦が激しさを増していく中で、サンフランシスコ講和条約に世界のすべての国が署名しなければ、日本がまた塗炭の苦しみを味わうことになってしまう、だから世界のすべての国々と全面講和をすべきであるという強い主張が強かった。しかし、これに対して小泉は「多数講和」を主張する。

当時の岩波書店『世界』を中心とした平和問題懇談会には全面講和論者の有力な人が皆入っているのです。実際の文章は丸山眞男などが書いていました。学界、論壇ではこの主張は圧倒的で、その先頭にいたのが東大総長南原繁です。南原さんは非常に高潔な人なんです。当時、東大の総長は南原繁や次の矢内原忠雄といった非常に人格的に立派な人たちがやっている。だから影響力があった。南原さんはその前の年からアメリカをずっと回り、なぜ全面講和が必要なのかを説いて回った。世論は圧倒的に全面講和論でした。そんな空気でしたから、吉田茂は調印するのに一人で行ったのです。全部自分が背負うという、ある意味では悲壮なる覚悟だったと言えます。

これに対し、小泉さんは『平和論』の序文で、「著者は本書で、切に平和を願うものの立場から、一部でしきりに唱えられた中立論、全面講和論を批判した。かかる批判は、講和及び安全保障両条約が国会の承認を得た今日でも、少しも必要を失わないばかりでなく、寧ろ一層必要になったといえると思う」と書いている。

「私は中立や全面講和が、それを真実平和のためと信ずる人々によっても唱えられた事実を決して否まない。けれども同時に、実は平和よりも中立よりも、親ソ反米を目的とする宣伝が、平和を名として行われ、そうして心弱き一部の評論家が、それに同調しつつあることを知っている」

これはなかなかドスをきかせているという感じですよ。読む者に自分の胸に手をあて、自分はひょっとしたらこういう心弱き一部の評論家ではないのかと思わせる。これは私に言わせればなかなか「手練れ」のやり方です。

「本書で私はそれを明らかにすることを試みた。中立と全面講和は果たして可能であるか。不可能と知りつつそれを唱えることが、果たして実際に平和の擁護に役立つか。これ等のことを論ずれば、人々は自らにしてこれ等の主張の価値を知るであろう。……私は平和の名よりも実を願う。名を喜んで、これを唱えるものに対しては、私はその表情を察しつつ、ただその人々が一層論理的に思考することを望まざるを得ない」

私はもうとやかく言いません。ただ、その顔をじっと見るだけである。これもまた、なかなかきついですね（笑）。続けて「別に下心があって、陽に平和を装う者に対しては、私はただ擬装の事実そのものを指示したいと思う」と書いています。なかなか考えさせられる。

そして、なぜ反対するのかという理由です。本文で言っています。「私は当初から全面講和論、中立論に反対であった。反対というのは、それが出来ても望まないというのではない。出来ない相談だと思ったのである」。それは具体的にどういうことなのかを以下に書いています。米ソの対立関係が緊張してきた今、米ソの間で日本が中立の意思を表示したとする。しかし、それに構わず交戦国一方の軍艦が日本の港に入ったとする。中立国たる日本は一定時間内にこれを退去させなければばならない。中立というのはそういうことです。片一方の主張を認めることはできない。しかし、退去しろと言ったって、それに応じなかったらどうするのだ。日本は今、それに従えという強制する力はあるのか。ないでしょう。そうなると、それは中立を唱える者の義務を履行していないことになる。

それはそうですね。一方の軍艦が入るのを黙認してしまうことになるわけですから。「内実はどうでも、中立は守られなかったということになる。……少なくも相手の交戦国は、これを中立違反と見るに躊躇せず、必要または適当と認める処置を取るに躊躇せぬであろう」。あなたたちはそういうことまで考えて言っているのですか。ただ口で唱えているだけではないのかということです。これは今の安保法案反対論も全く同じ論法で批判できると私は思います。

なぜ反対なのか。実はもう一つの理由がある。それは、全面講和論者は責任というものをどう考えているのかということです。『平和論』に対する批判への反批判の中でこう書いています。

「一つの事を主張するものは、当然それから引かるべき帰結に対して責任を負うべきものと思うものである。……全面講和でない講和には反対であるといい、しかも、全面講和を可能ならしめる具体的の提案は示さぬとすれば、それは当然、占領の継続を求める結果となり、当然この結果に対する責任を負わなければならぬ筈である」（「私の平和論について」）

全面講和論、中立論を唱えるのはいい。しかし、これはできない相談です。しかも、できなければ、できないというだけでは済まされない。サンフランシスコ平和条約が締結されなければ、ずっと占領状態が続くということです。それでいいのですか。あなたたちは責任を取らないのですかという話です。

日本とドイツの憲法観

戦後の歩みを見ていると、ドイツと日本では決定的に違いがあります。東西二つに分割される中で、西ドイツはボン基本法という憲法をつくった。成立当時のボン基本法には軍隊を持つとは全く書いてない。しかし、だんだん冷戦が激しくなってきて軍隊を持たないでどうするのかという話になるわけです。共産圏と接しており、しかもベルリンは分割されているわけですから、ある種の戦争状態が続いているようなものです。そういう中、国防軍を持たなければいけないという話が出てくる。

日本は朝鮮戦争後、警察予備隊から保安隊、その後自衛隊という経緯をたどって事実上の軍隊を持つようになる。しかし、本当は軍隊を持つためには、国会で三分の二の支持を得て憲法改正をしなければできない。吉田茂だって、自衛の軍であろうが、軍隊を持つことは憲法違反だと答弁していたのです。逆に、共産党の野坂参三などが持てと言っているぐらいだった。

憲法を改正するには国会議員の三分の二で発議しなければいけない。ところが、その三分の二を取れない。鳩山一郎などは三分の二を取るために選挙制度まで変えてしまおうと「ハトマンダー」

をやろうとしたぐらいです。

　ドイツはどうしたか。一九五四年と五六年にちゃんと憲法（基本法）改正をして、西ドイツは国防軍を持つんです。ドイツの政権は戦後一貫して、一つの例外もなく連立政権です。ドイツは基本的に比例代表制ですから、一党が過半数を取ることがない。一党に政権を取らせないという選挙制度です。なぜかといえばナチスの経験があるからです。だから一貫して、例えばキリスト教民主同盟（CDU）とキリスト教社会同盟（CSU）が必ず会派を組み、自由民主党（FDP）と連立政権を組む。あるいは左派の社会民主党（SPD）は緑の党と連立政権を組む。そういう形で今まで六〇回も憲法改正をしています。

　時にはキリスト教民主・社会同盟と社会民主党が大連立をやる。いま民進党は小さくなったけれども、ひところの民主党と自民党が大連立をやるようなものです。そうして三分の二の賛成を得て憲法改正をする。そしてその後、連立を解消するんです。国防軍が必要だから連立政権をやる。大連立の政権があるから憲法改正するというのではない。逆です。

　一九六八年には非常事態法を基本法に加えることを大連立で行っています。ドイツの憲法を読むと非常に厄介です。戦争のときにどうするかを、みんな憲法の中に書き込んである。大連立をやることによって改正することができた。

　ところが日本は、閣僚が憲法改正と言うと、すぐクビになるぐらいだからできない。ではどうするか。一つは解釈の変更です。昔、自衛のための組織さえ持てなかったのが、持てるようになります。最小限度の自分の国を守るためですから、これは憲法九条で禁じられている陸海空軍ではない。持っているものも戦力ではないと解釈する。戦力ではないものを持っていてどうするのだ、と僕は思うけれど、そういうことでとにかくやってきました。そうするしかなかった。

その一方で、自民党は何とか三分の二を取りたいとずっと思ってきたんです。この前の参議院選挙で党首討論会を日本記者クラブでやったとき、私が最初に質問したのですが、安倍晋三首相に、「自民党は結党以来、三分の二を取ろうとしてきましたが、それは見果てぬ夢なんですよ。ドイツを真似るべきです。憲法改正は国の最も基本的な法なので、与党と野党の第一党が協力しなければだめですよ」と申し上げた。そうしたら安倍首相は、「おっしゃるとおりです」と言っていました。おっしゃるとおりならそうやってくれよと言いたいのですが、今まで日本はだましだまし来ていた。その思考の底にあるものは何なのか。私に言わせれば無責任ですよ。責任を負っていないということです。

私はそのとき、共産党の志位委員長にも聞いた。共産党は一貫して自衛隊は違憲だ、解体すべきである、日米安保条約は解消すべきであると言ってきた。けれども、自衛隊が違憲だということは、この世に存在していてはいけないということでしょう。にもかかわらず、大きな地震や災害のときには自衛隊が救出に行きます。その時なぜあなたたちは自衛隊が行ってはいけない、とそれを止めないのですか。行くことを批判しないのですかと聞きました。志位さん、何と答えたか。「そこが憲法の矛盾なんです」と。違う、共産党の矛盾ではないかと思いましたが、論争していると記者会見にならないから言いませんでした。変ですよ（笑）。

現在の政治状況と小泉信三の論法

それから、集団的自衛権を認めてはだめだという人がたくさんいるわけです。限定的であれ、認めない。それは戦争に行くための法案だと言っているわけです。日米安保条約に基づいてアメリカ軍が日本にいます。「戦争法案」だと言うなら、米軍がいること自体が戦争に巻き込まれることになるのです。安保法案に反対するならば、まず、「アメリカ軍は出ていってください。日本の防衛は自分たちでやりますから」と、なぜ言わないのですか。そこは口をぬぐって言わない。変じゃないですか。小泉さんが全面講和論を批判したのと同じ論法で今の政治を論ずることが十分可能です。閣議決定で政府が集団的自衛権を憲法九条違反だと言っていたのに、その閣議決定を見直すというのは立憲主義に反すると言う。これもまた変です。自衛隊は違憲の存在ではないと閣議決定しています。では、それも見直してはだめなのですか、政府の決定は正しいのですか、という話になりますよ。いろいろな考え方があっていいが、要するに理屈に合わないと私は思っている。ダブルスタンダード（二重基準）ですよ。今日いらっしゃっている方もいろいろなご意見もあるでしょう。だけど、少なくとも小泉さんが批判しているのは二重基準ではいけないということだと思います。

ここから何が導き出されるか。言論人は、学者もそうですが、自分の言ったことの責任をきちんと取ってくれということです。学者とはいかにあるべきかということも私は考えます。東大名誉教授の三谷太一郎さんという人がいます。私は非常に尊敬しています。なぜかというと、戦前の吉野作造、原敬についていろいろと書いているのですが、それを読むと、今の政治家や、ものの考え方に対する批判になっている。厳正な学問的成果自体が今を批判する視点を私たちに与えてくれるからです。

ところが、最近書かれた『戦後民主主義をどう生きるか』の中に、この安保法案についての批判が書いてある。読んでいると、私は違うなと思うのです。いま小泉さんが批判されたようなことを非常に感ずる。学者はあくまでも厳正な学問的態度をもって現状を批判することが大事な対処の仕方ではないのかと思うのです。

そうやって見てくると、『共産主義批判の常識』や『平和論』は、ぜひこれからも広く読まれる形で残ってほしいと思います。今回、それぞれの論文に目を通してみて、その先見性に驚き、小泉さんは没後五〇年ですが、現在の状況と全く重なり合うと、評価して見なければいけないと思いました。

三つ目の皇室との関係については、もうくだくだしく述べません。福澤諭吉の『帝室論』は、小泉さんが今上天皇へのご進講で一緒に読んだ。そして、天皇のあるべき姿を福澤の『帝室論』を一緒に読むことによって教えられたんです。なぜ、帝室はこれだけ長い間、保たれてきたのか。それは政治の外にあるからです。『帝室論』は明治十五年に書かれたものですが、その中で帝室（皇室）

とは何かを説いています。

「帝室とは政治社外のものなり」で始まり、「国会の政府は二様の政党相争うて、火の如く水の如く、盛夏の如く厳冬の如くならんと雖ども、帝室は独り万年の春にして、人民これを仰げば悠然として和気を催すべし」と書いてあります。私はこれが天皇制の本質だと思っている。長く永続した最大の理由だと思っています。

いま天皇陛下の退位問題が議論になっていますが、福澤諭吉の『帝室論』を是非読んでいただきたい。小泉さん自身が書いた「帝室論」は、よりわかりやすくこのことを書いています。

今日はご清聴ありがとうございました。


（二〇一六年十二月八日に行われた「小泉信三記念講座」の講演を加筆、修正）

（『三田評論』二〇一七年四月号、慶應義塾大学出版会）

第Ⅱ部　日本とは何か

歴史のなかの日本

司馬歴史観の本質

辻井喬著『司馬遼太郎覚書――『坂の上の雲』のことなど』

司馬遼太郎とその作品の持つ意味を通して、日本とは、国家とは、日本人とは何かを考察した書である。司馬文学の人気の所以は、幕末から明治にかけての指導者が民間から出た普通の階層の若者であったと呈示したからであり、経済成長の陰で置き忘れた、けなげさや無私の美しさを作品で問うたからだろう。

司馬の歴史観の本質は、無常感やニヒリズムを秘めた相対史観であり、常に醒めた目を持つ冷静な観察者であり続けた。『坂の上の雲』にもみられるかなりの分量の「あとがき」、随所に登場する「余談」は虚構の小説世界を事実と錯覚させる一種の「詐術」だが、熱中して興奮状態にならないよう、読者だけでなく自らも戒めたからではないかと興味深い分析をしている。

著者は決して手放しの司馬礼賛はしない。結果も展望し上から見下ろす「俯瞰法」を結果肯定になると批判し、天皇の戦争責任を意識的に避けた分、昭和軍部批判が激しくなっていると指摘している。司馬と三島由紀夫、松本清張三者の比較論も含め、単なる「覚書」をはるかに超えた文学論、歴史論になっている。

（かもがわ出版、一八〇〇円）

（二〇一二年一月十五日）

渡辺浩著『日本政治思想史――十七〜十九世紀』

自国史の豊穣さ知る

歴史とは何か。歴史に学ぶとはどういうことか。英国の著名な歴史家、E・H・カーは「歴史とは現在と過去との対話である」と言い切った。

文芸評論家、小林秀雄は繰り返し繰り返し、歴史に向き合う所作について書いている。

「歴史は決して二度と繰返しはしない。だからこそ僕等は過去を惜しむのである。歴史とは、人類の巨大な恨みに似てゐる。歴史を貫く筋金は、僕等の愛惜の念といふものであつて、決して因果の鎖といふ様なものではないと思ひます」

「過去の事実が、殆ど単に過去の事実だといふ理由で、現在の人間の虚心の裡に蘇る。歴史といふものの持つ根柢の力は其処にある（中略）この測り知れぬ力に関する感受性或は情操の陶冶といふものに、歴史教育の根幹がある」

日本と韓国の有識者による第二期歴史共同研究の報告書が先日公表された。日韓それぞれ一七人の専門家が参加、三年の歳月をかけてまとめられた。

そこから浮かび上がったのは日韓の間に横たわる深い溝だった。日本の教科書での従軍慰安婦をめぐる記述や、韓国の「反日教育」について相互に批判するなど、歴史認識の隔たりの大きさを改めて見せつけた。

二五〇〇ページに及ぶ報告書を前に、その労を多とし、共同研究の大切さを思う一方で、そもそも歴史の共通認識などあり得るのか、政治的要請を背景に、侃々諤々議論することなのかとも思ってしまう。

◇

そんな疑問にとらわれている時に、三月に東大を定年退官された渡辺浩・法政大教授の近著『日本政治思想史——十七～十九世紀』（東京大学出版会）を読んだ。膨大な史料を駆使した上質の思想分析にあふれている。

「明治維新とは、歴史上われわれが知り得るもっとも完全かつラジカルな革命である」

維新を目撃したロシア人革命家はこう評したが、政治、社会を根柢から変え、新体制を生み出す知的な胎動はペリー来航以前に十分あったという。

そのことを徳川政治体制下の正統思想である朱子学や伊藤仁斎、荻生徂徠、本居宣長らの思想の特徴、「開国」や「文明開化」などの思想的意味を通して立体的に分析している。

◇

この書では、私たちが思い込んでいた「誤解」をいくつも正してくれる。儒学とは民に「忠君愛国」を勧めるような教えではない。統治する側こそが学び、信ずべき教えだった。それゆえに強力だったのだ。

徳川日本では藩が「国」であり、「日本」全体を「国」とする意識などなかったという俗説もそうだ。そもそも中世以来、「三国」（天竺、唐、日本）という表現があった。「日本」を意識する政治的、経済的、文化的統合も実在していた。

開国はペリーの来航など軍事的圧力に屈した屈辱的譲歩などでは決してなかった。普遍的な「道理」を吟味した結果、自主的に決断して「近代西洋」に自ら道を開いたのだ。

この書からは、十七世紀から十九世紀にかけての日本の「豊穣な歴史」ともいうべきものが立ちのぼってくる。思想をあるがままに多面的にとらえようとしているだけでない。歴史への愛おしみが感じられる。仁斎論、徂徠論にもよく出ている。

◇

仁斎学における理想像は、誠実で思いやりがあって優しい人である。「みんな優しくなろうよ。お互い人間だもの。意地悪せず、冷たくせず、人の過ちをあまり厳しく責めず、お互いに思いやりをもって生きようよ、それが一番だよ」。仁斎はこう呼びかけているのだ。

これはおめでたい楽天主義だろうか。泰平呆けの柔和なだけの処世術だろうか。仁斎はきっとこう反論するだろう。

あなたは、抽象的な正義・真理とやらを信じて、それを人に強いることが、どれほど残酷な結果を生むかご存知ですか。人生は理屈ですか。一人一人が勝手に正義や道義を振り回すから、世界はひどい状態になるのではありませんか。

仁斎と同じように朱子学を批判して独自の儒学体系を築いた荻生徂徠の思想の根幹は、時に「近代的」と呼ばれる立場と対極にあった。

歴史観としては反進歩・反発展・反成長であり、反都市化・反市場経済である。個々人の生活については、反「自由」にして反平等、政治については反民主主義で一貫していた。

賛同しにくい立場かもしれない。しかし、徂徠は、有限な天地で市場経済による無限の「発展」が可能だとは信じない。自由に流動して浅い人間関係しか持たず、それでいて悪事に走らず秩序を保てるほどに人間は立派だとも信じなかったのだ。

我々はそれにどう反論できるのだろうか。渡辺さんは現代に生きる私たちにそう問うているのである。

自国史を描くにあたって、過去に生きた人々への「節度ある愛」が大切なのではないか。『範は歴史にあり』（藤原書店）で私はそう書いた。素人の過剰な意味づけは渡辺さんには迷惑かもしれないが、『日本政治思想史』には「過去を惜しむ」気持ちがあり、「現在と過去との対話」の結晶がある。

（東京大学出版会、三六〇〇円）

（二〇一〇年四月十日）

江戸に即して江戸を眺める

中野三敏著『江戸文化再考——これからの近代を創るために』

目が洗われる書である。肝心の「日本文化」についてどれだけ知っているのか心から反省させられる書である。明治以前につくられた書物は一五〇万点ぐらいと推定されるが、そのうち活字になったものは一万点にもならない。一パーセントに満たない書物で日本の古典は大事だなどと言ってきたのだ。

それでは活字にならなかった「和本」を読めるか。我が身を考えても全く無理。それもこれも明治三十三年の小学校令で平がなは一音一字の現行の平がなに限定されたからという。今さら元に戻ることはできないにしても、この事実を知っておくことは大事だ。

この書のもう一つの大いなる力説点は、江戸に対する理解が偏っていたということだ。近代主義的に評価できる部分だけを摘《つま》み上げ、江戸を江戸に即して眺めることをしなかった。江戸の封建制についても積極面を見ることなく、西洋の基準で誤った見方をしてきたというのである。

八月下旬、中野さんに日本記者クラブ主催の「著者と語る」に来ていただいた。参加者が驚きの表情で聞き入っていたのが思い起こされる。

（笠間書院、一七〇〇円）

（二〇一二年九月九日）

磯田道史著『無私の日本人』

こんな生き方があった

今から二四〇年前、東北の片田舎で奇想天外な「企て」がなされた。仙台近くの「吉岡宿」が伊達藩六二万石に千両貸し付け、その利息で村の衰亡の危機を乗り切ろうとしたのである。年貢だけでない。宿場ゆえに人馬も強制的に徴発される理不尽さに対抗しようとしたのだ。

九人の同志は足かけ八年、辛苦に耐えた。千両を集めるため、家財道具を一切売り払っても構わない。頭陀袋《ずだ》を提げて物乞いすることも耐えよう。そう悲壮にも決意し、銭湯代を切り詰め、断食までした。企ては成就し、吉岡宿は幕末に至るまで人口が減ることはなかった。

彼らはそれを誇ることをしなかった。何の栄誉も受けぬと誓った。中心人物の一人、穀田屋《こくだや》十三郎は死に臨み、「善行を施したなどと、ゆめゆめ思うな。何事も驕らず、高ぶらず、地道に暮らせ」と子どもたちに言い残した。

ここには気の遠くなるような「無私の精神」がある。江戸時代の庶民には「廉恥」の心があった。ご先祖様に合わせる顔がないという責任感に支えられた「公共心」があった。著者は満腔《まんこう》の思いを込めて描き切ろうとしている。

その一方で、「公」を告発してやまない。前例がなければ認めない「先例主義」、行政手続きの煩雑さ、あくなき収奪の論理……。まるで現代の病弊を剔抉しているようでもある。

本書には「穀田屋十三郎」のほか、自ら作った文章をことごとく竈《かまど》の火に投じて足跡を消そうとした不世出の詩人「中根東里」、己を厳しく律し、究極の優しさとは何かを示した歌人にして陶芸家「大田垣蓮月」を収めている。そこには己を捨てた峻烈なまでの生き方がある。

競争原理が支配する風潮に疑問を抱き、著者はこう書く。「ほんとうに大きな人間というのは、世間的に偉くならずとも金を儲けずとも、ほんの少しでもいい、濁ったものを清らかなほうにかえる浄化の力を宿らせた人である」。粛然たる思いにとらわれてしまう。（文藝春秋、一五〇〇円）

（二〇一二年十一月四日）

道を蹈まざる者　狼狽す

家近良樹著

『西郷隆盛
——人を相手にせず、天を相手にせよ』

西郷隆盛が西南戦争で斃《たお》れて九月二十四日で一四〇年。伝記や人物研究の多さで他の追随を許さない西郷だが、先月、家近良樹『西郷隆盛——人を相手にせず、天を相手にせよ』（ミネルヴァ書房）

という決定版ともいうべき伝記が出版された。

西郷の書簡をはじめ一次史料を縦横に駆使し、躍動感あふれる「西郷とその時代」を描いている。この書も参考に、西郷の人間的魅力やリーダーのあり方を改めて考えてみたい。

西郷といえば一八六八年三月勝海舟と会見、江戸城の無血開城へと導いたことで知られる。「談判の時にも、始終座を正して手を膝の上に載せ、少しも戦勝の威光でもって敗軍の将を軽蔑するような風が見えなかった」（勝海舟『氷川清話』）

西郷の真骨頂は四月四日、江戸城引き渡しのため江戸城に乗り込んだ時に発揮された。幕府の将兵が居並ぶ中、西郷は兵士を引率することなく、勅使二人を含むわずか数人で入城した。幕府側を刺激しないためだったが、一方で自分が殺されたら江戸の市街を焼き払う対策まで講じていたことを大久保利通への手紙で伝えている。

勅使らは江戸城内外の不穏な空気を察知し、朝旨を伝えるや直ちに退城した。しかし、西郷はひとり、大広間に端然として着座し続け、いつまでたっても帰る気配を見せなかった。

たまりかねて幕臣が「西郷公何ぞ御用これ有り候哉」と問うたところ、西郷は「帰りを忘れたり。只今此釘《ただいまこのくぎ》かくしの数をかぞえ居れり」と答えた。「流石に英雄の景況なり」と幕臣は感賞したという。

いささか演技っぽいものの、生死に恬淡としていた西郷ならではのエピソードである。一連の西郷の行動には、家近さんが指摘するように「平日道を蹈《ふ》まざる人は、事に臨て狼狽し、処分（物事の取りさばき）の出来ぬもの也」（『西郷南洲遺訓』）を実践した姿があった。

◇

「豪放磊落」「茫洋」などのイメージとは異なり、西郷は細かなことまで目の行き届く、気配りの人でもあった。官軍と彰義隊による上野戦争の際には、弾薬運搬にあたった臨時雇いの軍夫の手当を七日ごとにきちんと支払うよう指示した。上野戦争は日本史上初めて従軍看護婦が活躍したことで知られるが、彼女たちの給金を一日いくらと決めて五日ごとに支払い、捕虜にも給金を払うよう命じた。

維新後の西郷について「征韓論争・西南戦争などにおけるかれの言動はすべて反動である」（圭《たま》室諦成《むろたいじょう》『西郷隆盛』岩波新書）という厳しい指摘がある。

しかし、日本近代化への大きな転換点となった一八七一年の廃藩置県は西郷の存在なくしてはありえなかった。大臣や参議の会合で議論は紛糾した。しかし、遅れてきた西郷が「このうえ、もし各藩にて異議等起り候はば、兵を以て撃ち潰しますの外ありません」と大声で発するや、議論はたちまち止んだ。

福澤諭吉は『明治十年丁丑《ていちゅう》公論』で、「廃藩は時勢の然《しか》らしむるものとは雖も、当時、若し西郷の一諾なくんば、此大挙も容易に成を期すべからざるや明なり」と高く評価している。

◇

一八九八年、上野公園に高村光雲作の犬を連れた西郷像が建てられた。西郷の国民的人気は高まり、神格化が進んでいく。しかし、西郷とて完全無欠ではない。人の好き嫌いも激しく、しばしば敵と味方を峻別し、敵を非常に憎むこともあった。

徳富蘇峰は『西郷南洲先生』（一九二六年）でこういう。

「近世日本の産出したる英雄男児である。英雄男児必ずしも醇乎《じゅんこ》として醇なる者ではない。玉にも瑕がある。然も瑕があっても、玉たるに妨げない。寧ろ其の欠点を見て、却《かえっ》て翁の人間味の饒《おお》きを知る」

瑕の最たるものは、大義名分を何より重んじたはずの西郷が西南戦争では大義の筋道を踏み間違えたことである。家近さんは決起の理由を大久保利通らが西郷の暗殺計画を企んだことを尋問することに求めたため、私怨を晴らす喧嘩レベルでとらえられてしまったという。

偉人論はすっかり流行らなくなった。しかし、西郷の一生は多くのことを教えてくれる。敵を憎みつつも「寛容さ」を失わなかった。明治の顕官でひときわ目立つ質素な生活に徹した。濃やかな心配りもあった。

これらは西郷ファンを含め多くの人にとって既知のことだろう。それでも、馥郁《ふくいく》たる大きな政治を渇望するゆえに、ぜひ伝えたいと思ったのである。

（ミネルヴァ書房、四〇〇〇円）

（二〇一七年九月九日）

伊藤博文に学ぶ、「死を思え《メメント・モリ》」の覚悟

瀧井一博著『伊藤博文――知の政治家』ほか

国会には三体の伊藤博文像があるという。長年、国会周辺で取材し、二体あることは知っている。ひとつは国会議事堂の中央広間に大隈重信、板垣退助とともに立っている。今ひとつは参院の前庭にある。

三体目は実在しない。従って目には見えないが、議事堂中央の尖塔の頂に、「影」として立っているというのである。

瀧井一博さんの『伊藤博文』(中公新書)に導かれて、鈴木博之さんの『日本の「地霊」』(講談社現代新書)をめくってみた。

国会議事堂は着工から一六年の歳月をかけ、一九三六年に完成した。デザインの上で最も特徴的なのは、中央頂部の階段状ピラミッドを思わせる屋根である。設計者は吉武東里《よしたけとうり》。これにはモデルがあった。

伊藤が暗殺された後の一九一一年に神戸市の大倉山公園に造られた伊藤博文像の台座である。銅像本体は戦時中の金属供出のため撤収され、今では台座だけになっている。この台座を造ったのは吉武の恩師である京都帝大教授武田五一だ。

議事堂の意匠を決めるにあたって吉武が思い起こしたのは、国のために殉じた伊藤博文の姿だ。恩師が伊藤のために用いた意匠こそ、国会の頂を飾る意匠としてふさわしいと思ったに違いない。鈴木さんはこう考え、結論づける。

「伊藤博文の影がそこにある。この意匠は国会に集まる議員たちに、無言のうちに先人伊藤博文の、命をかけた国政への参画の道を示そうとしたのではないか。それはいわば国家的スケールでの『メメント・モリ（死を思え）』というメッセージではないか」

◇

伊藤博文には変わらぬイメージがある。意の赴くままに政界を遊泳する勝手気儘さ、大隈重信や陸奥宗光、星亨など昨日の敵と手のひらを返したかのように結託する変わり身の早さ、決断を渋る優柔不断さ。そして強い自負心と名誉心。

岡義武さんの『近代日本の政治家』（岩波現代文庫）では、伊藤が状況に対するすぐれた判断力と柔軟な対応能力を身につけていたと評価する一方で、その性格について手厳しい。

強い自負心の持ち主であり、自分がすぐれた人間であることを世間の人々が認め、尊敬することを常に期待した。名誉心が強く、胸間に勲章をきらめかして勿体ぶって振る舞うことが甚だ好きだった。

「哲学なき政略家」「思想なき現実主義者」。瀧井さんが指摘する作家司馬遼太郎さんの伊藤博文評だ。最もオーソドックスな見方かもしれない。

◇

そのイメージを、瀧井さんは昨年四月出版した『伊藤博文』で根底から覆した。哲学がないどころか、伊藤には明確な思想、国家構想があった。

伊藤の思想は、三つのキーワードで理解が可能だ。「文明」「立憲国家」「国民政治」である。若き日に西洋社会文明の洗礼を受けた伊藤は、それを原理とする国づくりに一貫して取り組んだ。文明としての「国のかたち」が立憲国家に他ならず、その立憲国家という容器に、国民政治という内実を盛り込もうとしたのである。

それまでの「超然主義」を捨て、一九〇〇年に立憲政友会をつくったのも、政局に左右された打算や権力欲に基づくものととらえるべきではない。憲法制定以前からの伊藤の骨身に染みついた憲法政治、文明政治の理念が脈打っていた。

伊藤は「知」への憧憬が人一倍深く、教育を受けた国民が自由に職業を選択し、自己の才能を発展させることを国づくりの基本に据えた。そのための制度として憲法、帝国大学、帝国議会、立憲政友会、責任内閣、帝室制度調査局、韓国統監府などが作り出された。

これら制度は究極的には「国民政治」を実現するために構想された。伊藤は近代日本を代表するデモクラシーの政治家だった。そのことを瀧井さんは、史料に裏付けられた堅牢な論理で立証している。

伊藤は一九〇九年十月、ハルビンで暗殺され、翌十一月国葬が営まれた。徳富蘇峰はその直後に「伊藤公を葬送す」という追悼文を書いた。

「吾人をして欽仰《きんぎょう》せしむる一は、其の所謂《いわゆ》る国家道楽是れ也。公や朝に立つも、君国の為にし、野に在るも、君国の為にす（中略）極言すれば、公は国家あるを知りて、身あるを知らざりし也」

（『蘇峰文選』）

◇

菅首相の辞任の時期が迫ってきた。次期首相を目指し、何人も手を挙げようとしている。果たして国家に殉ずる覚悟があるのか。大震災後の日本国家の姿をどう描き、責任を持って示せるのか。時代が違っても求められるのは同じである。ごく最近瀧井一博編『伊藤博文演説集』（講談社学術文庫）も出た。範は歴史にあることを肝に銘じてほしいと思う。

そんなことを考えている時にこんな噂を耳にした。菅首相が「脱原発」でノーベル平和賞を狙い、関係者がノルウェーのオスロに行ったというのである。真偽のほどは定かではない。為にする流言の類かもしれない。事実でないことを祈りたい。

（『伊藤博文』中公新書、九四〇円）

（二〇一一年八月十三日）

「地方自治の父」復権の書

松元崇著『山縣有朋の挫折——誰がための地方自治改革』

「民衆は、彼にとっては、支配の単なる客体にすぎず、彼の権力意志は支配機構を掌握することへと集中されたのであった。彼は終始民衆から遊離したところの存在であった。彼から見捨てられていた民衆は、それ故、また彼を見捨てていた。そして、彼の死に対しても冷ややかであり、無関心であったのである」

岡義武『山県有朋』（岩波新書）の一節である。新聞記者石橋湛山は山縣の死に際し、「死もまた、社会奉仕」とまで酷評した。「閥族・官僚の総本山」「軍国主義の権化」という山縣のイメージはすっかり固定している。

この書は、日本の地方自治の変遷を明治以来の地方財政の歴史を丹念に追うことによって明らかにしている。と同時に、「地方自治の父」としての山縣の復権の書であり、近代国家建設のための先人たちの苦闘の歴史でもある。

「町村は基礎にして、国家は猶《なお》家屋の如し」という山縣は「府県会」の権限拡大や「郡制」の導入などを通じて、地方自治を「立憲制の学校」にしようとした。それは江戸時代以来の自治の伝統を重んじながら、西欧諸国の最新の動きも採り入れて創られたものだった。

その試みはやがて日露戦争に備えるため自ら行った大増税の前に変質を余儀なくされるが、「下からの自治」として正当に評価されるべきだろう。権力意志の強さばかりが強調されるが、山縣は言論で政策が決められる立憲制を尊重することでも決して人後に落ちなかった。

この書は歴史の「誤認」も正してくれる。江戸の自治は英米の自治に比べても遜色がなかった。明治の中頃までは、国よりも地方の方がはるかに豊かだったのだ。全体として浮かび上がってくるのは、山縣以後「上からの自治」が固定化するとともに、中央による地方への増税のツケ回しが常態化していくことである。今日の地方の疲弊を見るにつけ「自らを治める」とはどういうことなのか、深く考えさせられる。

（日本経済新聞出版社、二八〇〇円）

（二〇一二年四月一日）

啓蒙思想家誕生に影響

山口昌子著
『パリの福澤諭吉
――謎の肖像写真をたずねて』

「日本のヴォルテール」と呼ばれた福澤諭吉がヴォルテールの地フランス・パリを訪れたのは一八六二年、満二十七歳の時だった。「文久遣欧使節団」の翻訳担当として、生涯で一度のパリ滞在だった。福澤といえば、二年前の[illegible]よる遣米使節[illegible]『福翁自伝』でもおなじみだが、著者によると、パリ体験が啓蒙思想家福澤諭吉の誕生に大きな影響を[illegible]ことになる。

「政治」「商人社会」「外国交際」「兵制」「学校」「新聞紙」「文庫（図書館）」「病院」「博物館」「蒸気機関」「瓦斯《ガス》灯」。『西洋事情』に書かれた事物はパリで仕入れたものだった。「ハウス・ヲフ・コムモン（共和議事堂）」で民主主義の神髄を知り、文明・文化の根源にあるものに思いを馳せたのだった。

遣欧使節団といえば、芳賀徹さんの『大君の使節』（中公新書）という名著がある。山口さんの書は、二一年に及ぶ『産経新聞』パリ支局長としての知識と経験に加え、徹底した現場取材とフランス外務省に残された資料を駆使し、私たちに福澤の足跡を追体験させてくれる。

著者が「パリの福澤」を知りたいという情熱に駆り立てられたのは、一万円札の顔とは違って精気みなぎり、知性と熱情が溢れるような三枚のサムライ姿の写真だった。誰が撮ったのか。写真家はいかなる人物か。ネガはどこにあるのか。普通は真正面と横顔の二枚なのに、なぜ福澤だけは斜めの写真も残されているのか。推理小説のように、その謎を解いていく。

新発見は随所にある。正使以下三六人による一年に及ぶ旅費や滞在費は、英仏政府が払ったという見方が一般的だが、徳川幕府が払ったことを仏古文書から突き止める。英仏に「借り」ができるのを恐れるとともに日本人としての「意地」と「誇り」が許さなかったからだ。

この書では資料に基づく著者の想像力が羽ばたいている。読みながら萩原延壽さんの言葉が浮かんだ。「歴史家にも許された想像がある」。

（中央公論新社、一六〇〇円）

（二〇一七年一月二十二日）

「理念の国」への誤解

北岡伸一著

『門戸開放政策と日本』

すぐれた歴史研究書は読者を堪能させる推理小説に似ている。歴史上の謎を解決してくれるからである。本書の「二十一カ条再考」などその見本のように思う。

一九一五年、中国に突きつけた二十一カ条の要求は、明治以来の日本外交で最も悪名が高い。「邪悪な野心を持つ侵略者日本、無力で無垢な中国、これを守る正義のアメリカ」というイメージがすっかり出来上がってしまった。

しかし、時の外相加藤高明にとっては決して不用意に準備されたものではなかった。列国の反応を[illegible]に入れ、外国のマスコミを利用し、交渉での取引材料も考えながら慎重に準備されたものだった。

それがどう[illegible]敗に終わったのか。日米間における誤解の連鎖ということもあったが、より根本的にはアメリカの[illegible]の最も核心にあるのは何だったか[illegible]ってである。その核心とは貿易の門戸はすべてに開かれるべきという「門戸開放原則」なのである。

アメリカは短期的にみれば何度も政策を変える。しかし、必ずや門戸開放の原則に立ち返る「理念の国」なのである。それに対し、日本外交は自国の国益判断から出発し、没理念外交に終始した。その非対称性が悲劇を生んだのだ。これが著者がもっとも訴えたかったことだろう。

門戸開放政策を縦糸に幕末からの日米関係を巨細に描いた本書を読んで痛感するのは、外交とはそれを担う人、組織、国際環境、メディアの報道などあらゆるものの総和だということである。米国務省のキャリア外交官の出自にまで遡った分析、門戸開放政策に対する吉野作造や新渡戸稲造、清沢洌ら知識人の対応を知ることでそのことを実感する。

著者は政治学者、歴史学者であると同時に国連大使を務め、政府関係の多くの審議会・委員会に関わってきた。学問と現実政治を架橋してきた実績がこの書に十分生かされているのも知ることができる。


（東京大学出版会、六四〇〇円）

（二〇一五年九月六日）

「貧乏物語」は遠い過去か

河上肇著『貧乏物語』ほか

一〇〇年前の大正五年(一九一六年)九月、『大阪朝日新聞』でひとつの連載が始まった。前年ヨーロッパから帰国したばかりの京都大学教授、河上肇による「貧乏物語」は、書き出しから衝撃的だった。

「驚くべきは現時の文明国における多数人の貧乏である。(中略)英米独仏その他の諸邦、国は著しく富めるも、民ははなはだしく貧し。げに驚くべきはこれら文明国における多数人の貧乏である」

連載は十二月下旬まで続いた。翌年三月には、弘文堂書房から単行本として出版され、わずか三年間に三〇版を重ねるベストセラーとなった。六十六歳で著者が亡くなった翌年一九四七年、岩波文庫として装いを新たにし、今年四月で七六刷を数える。

歓迎されたのは日本国内だけではなかった。中国では初版から三年後には翻訳された。中国文学者一海《いっかい》知義さんの『著作集4 人間河上肇』(藤原書店)を見ると当時の評判ぶりがよくわかる。上海で本屋を開いていた内山完造は「実に小説のように売れた」と書いている。

河上肇とマルクスの『資本論』を共訳した宮川実は毛沢東に会った際に言われた。『貧乏物語』

でもその前の著作でも変革と憂国の精神に貫かれている。先生のよい本は中国語に反訳し読ませねばならぬ」。周恩来も同じように愛読したという。

一九一六年といえば、第一次世界大戦さなか。日本国内は戦時景気で沸いていた。その時に河上は欧米先進国の例を引きながら、貧困の実態を次の三編をもって白日の下にさらしたのである。

一、いかに多数の人が貧乏しているか（上編）
二、何ゆえに多数の人が貧乏しているか（中編）
三、いかにして貧乏を根治しうべきか（下編）

これを機会に『貧乏物語』についての解説、書評を読んだ。慶應義塾大学教授小泉信三が単行本の出版直後に『三田学会雑誌』に書いた「貧困論」を凌ぐものはなかった。何よりも心打たれたのは、論敵に対する礼節に満ちていることだった。

「巧妙なる話説と、実に朗々誦《しょう》すべき流暢無比の文章とに魅せられて全編三百余頁を殆《ほとん》ど一気に通読し、（中略）自分は常に学問文芸上の優れたる作品を読みたるときにのみ感ずる一種の満足を感じた」

そのうえで、ひとつひとつ解説批判していく。なぜ多数の人が貧乏しているか。生産が富裕階級の奢侈品に向けられ、必需品に向けられないからだ。根本的解決のためには奢侈を慎む人心の改造がなければならぬ。

そういう河上の主張はモラリスト（道徳家）、理想主義者の発想であり、「人心の根本的改造は社会組織の改造を俟《ま》たずしてこれを期すべからず」というのが小泉の批判だった。

マルクス主義者大内兵衛も、儒教が千年来説きふるしてきた富者に対する「一片のお説教」であると論断したが、その一方で日本にも貧乏があるということを経済学として論じた初めての書であると評価した。

『貧乏物語』から一世紀。私たちは「貧乏物語の世界」を乗り越えただろうか。昨年はピケティの『21世紀の資本』（みすず書房）が話題になり、格差問題が盛んに論じられた。

増え続ける非正規労働者、母子家庭の窮乏化など論点はさまざまあるだろう。ここでは一点だけ挙げたい。経済的援助を受ける家庭の児童生徒が急速に増えていることである。

経済的な困窮で学用品などの補助（就学援助制度）を受けている公立小中学校の児童生徒は二〇一三年度で一五一万四五一五人に上った。全体の一五・四二%を占め、一九九五年度には一六人に一人だったのが今や六人に一人が援助を受けているのである。

家庭の収入が少なければ子どもの学力、進学先に影響し、学歴によって正規雇用もままならず、家庭の貧困を再生産するという「負の連鎖」はつとに指摘されている。

政府は今年六月、「ニッポン一億総活躍プラン」を閣議決定した。希望すれば家庭の事情に関係なく誰もが大学や専修学校などに進学できるよう、無利子奨学金の拡充などをうたった。しかし、対症療法的な改善策でいいのだろうか。もっと抜本的方策が必要なのではないのか。

豊かな国であるはずの日本で、生まれながらにして子どもの将来が決定されるかのようなことは決して許されてはならない。そのことを肝に銘じたい。

（『貧乏物語』岩波文庫、七二〇円）

（二〇一六年八月十三日）

一も人、二も人、三も人

後藤新平研究会編著

『震災復興　後藤新平の一二〇日――都市は市民がつくるもの』

後藤新平の盛名の所以は、関東大震災後の復興にある。環一から環八までの環状道路計画、昭和通りなどの近代的幹線道路、焼失面積を上回る三六〇〇ヘクタールという世界都市計画史上例をみない区画整理事業。八八年後の今の東京の骨格はこの時つくられたのである。しかし、後藤が内相・帝都復興院総裁として復興事業の先頭に立ったのはわずか四カ月にすぎない。その一二〇日を『正伝　後藤新平』（藤原書店）や数々の証言をもとに再現したのが本書である。

救いを求める被災者の阿鼻叫喚がこだまする中、後藤は救出・救難に全力を挙げる一方で直ちに復興に着手する。大惨害を機に理想的帝都を建設するという壮大な構想と強い使命感を抱いていた。「無私の心」で国家奉仕しなければならないという信念を持っていたからだ。

それが可能だったのは構想・計画を実現するための人脈と、組織を駆使することの大切さを知っていたからである。後藤の周りには幾重もの人間の輪があった。米国の著名な歴史家チャールズ・

ビーアドもその一人。大震災直後に後藤はビーアドに来日するよう要請、同時にビーアドからも電報が入った。「新街路を設定せよ。街路決定前に建築を禁止せよ」

後藤の復興計画は議会最大勢力政友会の執拗な反対で、当初の三〇—四〇億規模から四億七〇〇〇万円にまで縮減された。ビーアドは帰国の直前、後藤に書簡を送って叱咤激励した。

「ポリティシャンのごときは数うるには足りない。政治的名誉のごときも無価値である。今日を目標として建設することなかれ。希《ねが》わくば、永遠を目標として建設せられよ」

「ビスマルクはいえり『一も金、二も金、三も金』と、予はいわん『一も人、二も人、三も人』と」。後藤の『青年訓』にある。本書はその証しでもある。東日本大震災からまもなく半年。後藤の姿と全く対極にある日本政治の現実に怒りを覚えずにいられない。

（藤原書店、一九〇〇円）

（二〇一一年九月四日）

果敢ない光がもたらす深み

谷崎潤一郎著『陰翳礼讃』

大正十一（一九二二）年十一月、ノーベル賞を受賞したばかりのアインシュタイン博士が来日した。講演旅行中、汽車が滋賀県の石山あたりを通りかかった。博士は思わず言った。

「あゝ、彼処に大層不経済なものがある」。あちこちの電信柱に白昼電燈が灯っていたのに強い違和感を覚えたのである。

昭和の初め、パリから帰ったある小説家は欧州の都市に比べ、東京、大阪があまりに明るいのに驚いた。「恐らく世界じゅうで電燈を贅沢に使っている国は、亜米利加と日本であろう」

昭和八（一九三三）年に発表された『陰翳《いんえい》礼讃』で谷崎はこんなエピソードも紹介しながら、「明るさ」に代表される近代化に抗して、陰翳のあわいの中にこそ日本的なるものがあることを力説した。

座敷を見ればいい。光は庭からの反射で障子を透してほの明るく忍び込むようにしている。わざと調子の弱い色の砂壁を塗っているのも、力のない、わびしい、果敢《はか》ない光線がしんみり落ち着いて壁に沁み込むようにするためだ。

床の間にしてもそうだ。清楚な木材と清楚な壁だけで一つの凹《へこ》んだ空間を仕切っている。そこへ引き入れられた光線が凹みのそこかしこへ朦朧たる隈を生むようにしているのである。

漆器も金蒔絵も和紙も厠も、陰翳によって日本人が求めてきたものの本質を理解できる。「暗い部屋に住むことを余儀なくされたわれ〳〵の先祖は、いつしか陰翳のうちに美を発見し、やがては美の目的に添うように陰翳を利用するに至った」のである。

3・11を機に、「計画停電」「節電」に遭遇し、私たちは、煌煌と照らす明るさが決して自明のものでないことを知った。そして八〇年前に書かれた作品から時代を見抜く作家の眼の鋭さに脱帽し、失われたものの大きさに気づくのである。

「陰翳」の大切さ。それは何も「日本的」だからというだけではない。自らの内部に持つことでどれだけ心を豊かにし、思考に、さらには人間そのものに深みをもたらすか。そのことに思い至るのである。

（中公文庫、四七六円）

（二〇一一年七月二十四日）

自国民への愛ある歴史

井上寿一著『戦前昭和の国家構想』

卓抜な「書き出し」である。死者・行方不明者一〇万五〇〇〇人に及んだ関東大震災に「希望」を見いだす人と「絶望」を覚える人がいた。それぞれの代表が、譲り合いと相互協力の姿に希望を託した芥川龍之介であり、貧しき者がさらに苦しむことに怒りを覚え「革命」に惹かれた清水幾太郎である。この書き出しで読者は一気に「戦前昭和」に引き込まれる。

昭和は大震災の三年後に始まる。戦前昭和の歴史とは震災の復興であり、どう国家を再建するかの歴史でもあった。「社会主義」「議会主義」「農本主義」「国家社会主義」の四つの国家構想はどのように生まれ、どう展開し、挫折・崩壊していったのか。労農派マルキスト山川均や農本主義者橘孝三郎らの再評価、高橋（是清）財政と格差是正などいくつもの新鮮な論点を引き出しながら再構成している。

「歴史とは現在と過去との対話である」。有名なE・H・カーのテーゼである。どんな歴史研究の背後にも、烈々たるアクチュアルな問題意識がなければならない。私はそう固く信じている。本書はまさにその見本のような書である。

エピローグで四つの国家構想が戦後になって復活・復権していく歴史が描かれている。格差社会、議会政治の機能不全、農業の限りない衰退など、今に生きる私たちにとっても未解決の切実な問題であることに気づくのである。東日本大震災後の経済社会をどう構想するのか、政治の有り様も含め厳しく問われている。

この書によって、『戦前昭和の社会』（講談社現代新書）、『戦前日本の「グローバリズム」』（新潮選書）と合わせ、著者が構想した「昭和史三部作」が完結した。

いまは亡き政治学者の坂本多加雄さんは歴史を書くにあたって「過去に生きた自国の人々への節度ある愛」が大切であることを説いた。井上さんの歴史には、その時代に生きた人たちへの愛おしみ、「節度ある愛」が感じられるのがうれしい。

（講談社選書メチエ、一六〇〇円）

（二〇一二年六月十日）

「事実」による修正の書

ジョージ・アキタほか著
『「日本の朝鮮統治」を検証する 1910-1945』

歴史の真実とは何なのか。事実は一つに違いないが、解釈は幾十幾百とあり得る。国家と国家の関係ではその懸隔はさらに著しくなる。

韓国社会には「民族主義史観」が広く浸透している。一九一〇年から四五年までの日本統治下で「朝鮮人民は限りなく虐待され搾取された」というものだ。そうだろうか。丹念に事実を追えば全く違う姿が浮かび上がってくるのではないか。

著者は「日本は朝鮮人民の国民的威信を傷つけた」「深甚な苦痛、屈辱感、怒りを味わわせたことは否めない」などと随所で植民地支配の問題点を指摘している。その上で当時各地に存在した植民地と比較すると驚くほど穏健だったという。

ベルギー、ドイツ、フランス、オランダ、アメリカなどの植民地では強制労働、経済的搾取、村々の焼き打ち、住民の強制移住が常態化していた。しかし、日本は強制労働に頼らず、民衆を強制収容所に収監していない。大津事件の処理に見られた法至上主義を朝鮮でも実践した。鉄道網、電話通信網、学校、大学、図書館、デパート、工場などの設置を通して朝鮮半島に近代技術と技術革新をもたらした。

朝鮮総督府が言論の自由を制限し、警察権を著しく強化して朝鮮のナショナリズムを抑圧したことを否定はしない。しかし、朝鮮人民の健康、教育、福祉の改善に取り組み、公平であることを肝に銘じて朝鮮の人々の安寧のために懸命に努力したことも事実なのだ。

この書は決して植民地統治礼賛の書ではない。あまりに一方的な歴史の見方に対する、「事実」による修正の書である。「事実」の積み重ねではなく、一方的に作られていくことへの抗議の書でもある。

日韓関係は朴槿恵大統領の対日強硬姿勢で深刻さが増し、首脳会談も開けない状況だ。この書を朴大統領にも是非読んで欲しいと思うと同時に、民族主義史観の学者も積極的に反論し、建設的な論争が展開されることを望みたい。塩谷紘訳。


（草思社、二六〇〇円）

（二〇一三年十二月一日）

「満州」から何を学ぶか

岩見隆夫著『敗戦　満州追想』ほか

ジャーナリストに求められるものとは何だろうか。「神は細部に宿る」との信念のもとに徹底して細部にこだわりながら、しかし決してそれにとどまることなく、そのことの持つ意味を大きな観点から問いただしていくことではないだろうか。

政治記者の先達である岩見隆夫さんの近著『敗戦　満州追想』（原書房）を読んで心からそう思う。旧満州大連で生まれ、敗戦後引き揚げるまで一一年四カ月をこの地で過ごした岩見さんにとって「満州」は言いしれぬ郷愁を誘う。

極寒の地、エキゾチックな街が忘れられない。日常的に口ずさんだ満州唱歌「わたしたち」に濃密な日々が重なる。

寒い北風吹いたとて
おじけるような
子どもじゃないよ
満州育ちのわたしたち

しかし、それ以上に敗戦を挟んだ一年半の異常体験は強烈だった。ソ連兵の狼藉、煙草売りの経験も書かれている。ソ連侵入による満州奥地での数々の惨劇はあとで知ることになる。

敗戦当時、満州国と関東州には一五五万人の日本人がいた。このうち引き揚げまでに亡くなった人は二四万五〇〇〇人にのぼり、シベリア抑留での死者を合わせると三〇万人を超えた。地獄のよ

郵便はがき

料金受取人払

牛込局承認

9445

差出有効期間
令和3年11月
24日まで

162-8790

東京都新宿区
早稲田鶴巻町五二三番地

（受取人）

株式会社 藤原書店 行

ご購入ありがとうございました。このカードは小社の今後の刊行計画および新刊等のご案内の資料といたします。ご記入のうえ、ご投函ください。

お名前	年齢
ご住所 〒 TEL　　E-mail	
ご職業（または学校・学年、できるだけくわしくお書き下さい）	
所属グループ・団体名　　連絡先	
本書をお買い求めの書店 市区郡町　　書店	■新刊案内のご希望 □ある □ない ■図書目録のご希望 □ある □ない ■小社主催の催し物案内のご希望 □ある □ない

読者カード

書のご感想および今後の出版へのご意見・ご希望など、お書きください。
社PR誌『機』「読者の声」欄及びホームページに掲載させて戴く場合もございます。)

書をお求めの動機。広告・書評には新聞・雑誌名もお書き添えください。
頭でみて　□広告　　□書評・紹介記事　　□その他
社の案内で　(　　)　(　　)　(　　)

購読の新聞・雑誌名

社の出版案内を送って欲しい友人・知人のお名前・ご住所

ご住所 〒

入申込書(小社刊行物のご注文にご利用ください。その際書店名を必ずご記入ください。)

冊	書名　冊
冊	書名　冊

定書店名　　住所

都道府県　　市区郡町

うな逃避行の末無残な死を遂げたのだった。

◇

先の大戦の民間人犠牲者の中で、なぜ満州引き揚げ開拓団員の比率が最も多かったのか。大本営と関東軍の「対ソ恐怖心」が発端だった。関東軍内部ではソ連軍侵攻に伴う居留民避難計画も検討された。しかし、開拓団を避難させればソ連軍の侵攻を誘発するという理由で三〇万人の開拓団員は見捨てられたのである。「戦争とはそんなもの、という理不尽な論理を許す訳にはいかない」

そう怒る岩見さんにとって、満州の歴史は日本が今置かれた状況と二重写しになる。

「今日本はどう生き抜くか、呻吟している。教訓として汲み取るのに、二十世紀前半の満州ほど貴重な素材はない。あのころ、米中露三大国のせめぎ合いのなかで、新興国・日本が狙い撃ちされ、こづき回され、ストレー・シープ(迷える羊)になって暴走、壊滅した」

満州体験から得た貴重な教訓とは、いかなる形であろうと二度と戦争をしてはならないことであり、もし戦乱に巻き込まれたら絶対に負けてはならないこと、の二つに尽きる。国破れることほど民族にとっての大悲劇はないからだ。しかし、負け戦回避のための考察と備えが戦後の日本にはあまりに欠けている。岩見さんの嘆きは深い。

満州国については、山室信一『キメラ――満洲国の肖像』(中公新書)という力作がある。満州国を頭が獅子、胴が羊、尾が龍というギリシャ神話の怪物キメラになぞらえ、獅子は関東軍、羊は天皇制国家、龍は中国皇帝および近代中国と見立て、満州国の実像に迫っている。

山室さんは、満州国が掲げた「民族協和」に厳しい批判の目を向ける。複合民族国家満州での歴史的体験は多民族社会形成の試みだった。しかし、その民族協和とは日本人の「自民族中心主義」が根底にあり、異質なものとの共存をめざすのではなく、同質性への服従をもって成し遂げようとするものだった。

◇

それぞれの「満州」があり得るのだろう。『満洲とは何だったのか』(藤原書店)など関連する書も読みながら、「満州」からもっと学ばなければならないとの思いを強くした。

岩見さんは五月に末期の肝臓癌が見つかり入院中である。しかし、ひるむことなく、『サンデー毎日』に時評を執筆し続けている。不屈の「記者魂」にただただ脱帽するばかりだ。

『敗戦』は雑誌に連載していたものを、癌を宣告され急ぎ刊行したというが、岩見さんの歴史観が随所に見える。

「歴史的必然性という言葉が私は嫌いである。歴史は人がつくり、また人は歴史の渦に翻弄される。長い流れの中に必然的らしいものがなくはないが、そこまでだ」

「(満州の解剖にあたって)心すべきは、思い込みを排すること、過度の正当化を慎むこと、必要以上の自己卑下に陥るのを避けること、ではなかろうか」

この書には、岩見さんのお姉さん田辺満枝さんのイラストが載っている。満枝さんが童女のように清らかなこれらの絵を描き始めたのは二、三年前だという。それだけ深く心に仕舞い込まれていたのだろう。

（『敗戦　満州追想』原書房、一八〇〇円）
（二〇一三年八月十日）

知られざる抑留と復員

増田弘著『南方からの帰還――日本軍兵士の抑留と復員』

抑留と言えばまず思い浮かべるのはシベリア抑留である。しかし、ビルマ、インドネシア、ニューギニア、フィリピンなど南方抑留者は軍人・民間人を含め一二〇万人に上った。シベリア抑留者約六〇万人の倍である。しかも復員終了まで二年半も要した。なぜなのか。抑留や強制労働の実態はどうだったか。連合国側の一次史料を駆使してその全体像を描き切っている。

南方の地で散った人々に捧げられた「鎮魂の書」ともいうべき本書からさまざまな事実が浮かび上がってくる。国によって日本人捕虜の処遇や収容所の運営でかなりの違いが見られたのもその一つ。英国軍やオランダ軍はジュネーブ協定に基づく「戦争捕虜」ではなく、「日本降伏者」と見なして無賃金・無報酬労働を強要した。彼らは日本による捕虜生活で味わった恨みを晴らすべく容赦ない仕打ちを繰り返した。

これに対しマッカーサーは国際的義務の履行を求め、「戦争捕虜」として賃金の支払いをするよう英国側に圧力をかけ続けた。その一方でフィリピンでの戦犯裁判では執拗なまでに日本側将軍の厳罰を主張した。日本軍の猛攻を前に部下を見捨ててフィリピンから逃亡した屈辱の過去、負の体験があったからだ。歴史における人間的要素の重要さを知るのである。

救いは現地の日本人司令官たちの沈着冷静な姿である。なかでも第八方面軍司令官今村均大将は角田房子の名著『責任　ラバウルの将軍今村均』で知っていたとはいえ、その存在感に圧倒される。強制収容所のキャンプ生活では自給自足生活を徹底させ、あえて早期復員を求めなかった。大量に帰国すれば戦災で廃虚となった本土の負担になると思ったからだ。

戦犯裁判が始まるとまず最高責任者である自分を裁くよう求めた。特設キャンプに入ることを志願し、入所翌日に自決さえ試みた。極限状況にあっても凜として品位と慈愛を失わないリーダーがいたことを誇りに思うのである。

（慶應義塾大学出版会、二七〇〇円）

（二〇一九年八月十八日）

和の精神と統率力

嶌信彦著

『日本兵捕虜はシルクロードにオペラハウスを建てた』

今から五〇年前、中央アジア・ウズベキスタンを大地震が襲った。首都タシケントは壊滅状態になった。しかし、何事もなかったかのように悠然と立つ建物があった。

その名はアリシェル・ナボイ劇場。旧ソ連時代、モスクワ、レニングラード、キエフのオペラハウスと並ぶ四大劇場と言われたが、この劇場を建てたのは、永田行夫隊長以下四五七人の旧陸軍航空部隊の捕虜たちだった。

なぜ造れたか。永田の類いまれなる統率力、和の精神、変なものはつくれないという日本人としての誇り……。

ソ連側はノルマの達成度に応じて食事に差を付けようとする。それが社会主義的なやり方だというのだ。それでは捕虜の間の和が崩れる。

永田は、働いて得たものを本人が処分するのは自由という社会主義下で認められている原則を逆手にとる。多く配分された者は多めの部分を少なかった人に与えるということで切り抜けた。

部隊の名簿を持ち帰れないため、永田は全員の名前と住所を必死に暗記する。この書を読んでいると、日本人が真から誇らしくなる。

（ＫＡＤＯＫＡＷＡ、一六〇〇円）

（二〇一六年一月十日）

あの日の自分に逢える

『大潟村史』『大潟村歴史写真館』

琵琶湖に次ぐ第二の湖、八郎潟の干拓工事が始まったのは一九五七年のことである。東西一二キロ、南北二七キロ、総面積は二万二〇〇〇ヘクタール。八郎潟のほとりに生まれ育った私たちから見れば、八郎潟を干拓するなど人類が月面に到達するより難しい、無謀の挑戦のように思われた。

しかし、オランダの支援を受け、日本の技術の粋を集め、二〇年の歳月をかけて実現した。投じたお金は総額八五二億円。今に換算すれば、その二倍から三倍にもなるだろうか。

干拓地に大潟村が誕生したのは工事を始めて七年後である。それから五〇年。耕作面積と時々の米価によって異なるが、今では一家の総収入は約二五〇〇万円と言われ、そこから農業にかかる経費約一二〇〇万円や、トラクターのローンなど三〇〇万円を差し引くと一〇〇〇万円が残る計算になる。「モデル農村」が実現できたのである。

しかし、光だけではない。大潟村は日本の農政の縮図でもあった。そもそも食糧増産のために干拓したはずだったのに、六八年に第一次入植者の営農が始まって束《つか》の間、コメ余りで生産調整に入るのである。

七五年には減反のための「青刈り」を強いられることになった。丹精込めて植えた稲を青いままで刈り取る。農業に携わっている人たちにとっては身を切られる思いだったろう。国の方針に従う農家と、異を唱えて「ヤミ米」も辞さない農家の対立も深刻になった。その減反政策も二〇一三年には廃止が決まった。しかし、村内に残る感情的なしこりは今もなお癒えていない。この五〇年は何だったのか。猫の目農政に振り回された歳月でもあった。

◇

村の誕生からの歴史を残そうと、A4判、九七〇ページの『大潟村史』と、その別冊としての写真集『大潟村歴史写真館――時を重ねて』が完成した。郷土史の金字塔と言っても決してオーバーではないだろう。

ここには五次にわたって入植した五八九家族、三〇〇〇人余の村民が織りなした日常がある。その年に何があったのかがすぐわかるように「読める年表」形式になっている。この試みも郷土史では珍しいだろう。

大潟村は北海道から九州、沖縄まで全国各地から集まった人びとでつくった村である。異なった文化で生まれ育った人たちが出会い、融合するという壮大な実験場でもあったことを知ることもできる。

『大潟村史』は村長史でも行政史でもない。「村民史」である。村民が主人公なのである。ちびっこ相撲大会の勝者の名前も載っている。婦人会も青年会も老人クラブも、村の団体という団体すべての歩みが取り上げられている。村民がいつ、どこで、どの組織で活躍したかがわかるのである。

人名の索引に登場する村人は二〇〇〇人を超える。索引を引けば、そのとき自分は何をしたかがわかる。「あの日の自分に逢えたと思える瞬間がきっとある！　村史」がキャッチフレーズである。

九七〇ページには一〇〇〇枚もの写真が載っている。『大潟村歴史写真館』には一五〇〇枚の写真がある。その多くに説明が付けられている。確認するだけでも大変だったろう。

◇

二冊の本の編集を統括したのは海山徳宏さん。八年前に村の「情報発信者」制度に応募した。大潟村を全国の皆さんに知ってもらうために村がつくった制度である。海山さんは東京で出版社を経営していたが、大潟村に移り住み、村史の編集に明け暮れる毎日になった。

困難な作業を続ける彼の傍らには、いつも義父の存在があった。超ロングセラー『現代用語の基礎知識』を創刊したことで知られる自由国民社の創業者、故長谷川国雄である。

「編集に民主主義はない。大胆な強調と省略があるだけだ」

長谷川の口癖だった。村を二分した「ヤミ米問題」をどう扱うか。両者を満足させる記述は簡単ではなかった。時に手を抜きたいと思うこともあった。その度に長谷川に怒られるのではないかと自省した。二冊の発刊にこぎ着けた今、これで恩返しができたと思っている。

ふるさとの崩壊が現実味を帯び、「地方創生」が大きな課題になっている。どうすればいいのか。大切なことは、自分たちの町は自分たちで考えるしかないと覚悟することであり、これまで歩んだ歴史を知ることがそのための大事な一歩ではないのか。そう思われてならない。

（『大潟村史』『大潟村歴史写真館』大潟村、分売不可六〇〇〇円）

（二〇一五年四月十一日）

「正義」の実現を求めて

霞信彦著

『軍法会議のない「軍隊」――自衛隊に軍法会議は必要か』

今なぜ「軍法会議」なのか。軍法会議には限りなく負のイメージが付きまとっている。「暗黒裁判」「不当な裁き」「人権侵害」……。しかし、影の部分に目を奪われ、不要と言い切っていいのだろうか。

自衛隊は今や世界有数の軍事装備を持つ「重武装集団」である。独自の司法制度が必要なのではないか。本書は、こうした問題意識を出発点に「旧陸（海）軍刑法」「陸（海）軍治罪法」の制定と運用の苦闘の歴史をたどりながら、正義を実現することの大切さを訴えている。

ＰＫＯに従事する自衛隊員が戦闘に巻き込まれ、不幸にも現地の民間人を死に至らしめた時、裁く法律は刑法の殺人罪しかない。殺人は殺人だろうという批判は十分承知しているが、現実に生命のやりとりをしなければならない状況に置かれていることを無視し、一般社会と同じ尺度で裁くことは正しいのだろうか。

一方で、「重武装集団」が万一国政を危うくするような重大犯罪を犯した場合、普通の国家公務員と同じ扱いでいいのか。軍法会議を含む軍司法制度は不法な実力行使を阻止する最後の砦になるのではないのか。

著者は軍法会議の闇の部分を結城昌治『軍旗はためく下に』、光の部分を一九九二年に公開されたアメリカ映画『ア・フュー・グッドメン』に沿って描き出す。評者もＤＶＤで見たが、確かにこの映画から軍法会議があることで正義が実現されたのを知ることができる。

ただ、軍司法制度の是非の検討も憲法学者の多くが自衛隊違憲論を唱え、自衛隊は軍隊ではないという一種のフィクションが支配していては一歩も先に進まないという根本的なジレンマを抱えている。

この書には、軍司法制度を整備することで「近代化」を図ろうとした明治の先人への限りない敬意の念がある。先人一人一人の足跡を追いながら、その多くが必ずしも報われなかったことへの哀切の気持ちにもあふれ、読む者の心を打つ。

（慶應義塾大学出版会、一八〇〇〇円）

（二〇一七年十月一日）

復旧・復興の最前線から

村井嘉浩著『復興に命をかける』

死者・行方不明者一万一三〇〇人、瓦礫の量は一二三年分に相当する一八〇〇万トン、産業被害約二兆円。東日本大震災の宮城県内の被害である。本書は復旧・復興の最前線で指揮をとっている知事の行動の記録であり、使命に殉じようとする書である。

知事として宮城県内三五の市町村長全員と連絡が取れたのは大震災から三日後だった。災害時優先電話に指定されているにもかかわらず、知事の携帯は三日間全く通じなかった。国民の命と財産を守るため何をしておかなければいけないのか。数々の教訓と復興のポイントなどがわかりやすく書かれている。

この書では自衛隊と松下政経塾で学んだ独特のリーダー論が展開されている。パイロット経験からの遠方目標論もそのひとつ。「遠方目標がしっかり定まっていると状況が変わっても柔軟に目標に向かって進むことができる」

土田國保《くにやす》・防衛大学校長に教わった危機に遭遇しての心得は「お尻の穴をきゅっと締め、へその下に力を込め、大きく深呼吸しながら狼狽《うろた》えることなく対応する」ことだった。味わうべきものがある。

（ＰＨＰ研究所、一四〇〇円）
（二〇一一年三月十一日）

英明なるがゆえの苦悩

古川隆久著
『昭和天皇――「理性の君主」の孤独』

昭和元年（一九二六年）十二月二十八日、天皇の位を継いだ昭和天皇は、皇居正殿での朝見式で、施政方針とも言うべき勅語を朗読した。

「浮華を斥け、質実を尚《たっと》び、模擬を戒め、創造を勗《すす》め、日進以て会通の運に乗じ、日新以て更張の期を啓《ひら》き、（中略）汎《あまね》く一視同仁の化を宣べ、永く四海同胞《はらから》の誼《ぎ》を敦くせんこと、是れ朕が軫念《しんねん》最も切なる所にして……」

贅沢せず、創造を心がけ、世界の進歩に合わせて日本を改革し、外国とも仲良くしていく。この勅語には、天皇としてかくありたいという思いが凝縮されている。それはどのように形成されたのか。そして現実政治の中でどう具現化され、退却を余儀なくされたのか。一次史料を徹底吟味し、歴史的文脈の中で位置づけるという「実証史学」の手法を駆使しながら、英明なるがゆえに孤立化せざるを得なかった立憲君主の苦悩の姿を浮かび上がらせている。

天皇の思想の核にあったのは、徳を持った君主が国を治めれば国が栄えるという「徳治主義」であり、大衆的な立憲君主制国家であり、「協調外交」の推進だった。「よもの海みなはらからと思ふ世になど波風のたちさわぐらむ」という明治天皇の歌は常に立ち返る原点だった。

昭和天皇はこうした思想を東宮御学問所で杉浦重剛（倫理学）や清水澄（憲法）らから学ぶことで血肉化していった。張作霖爆殺事件での田中義一首相への叱責、ロンドン海軍軍縮条約成立への執念、二・二六事件への対応、対米開戦までの過程、終戦時の「聖断」などは、その結実だった。しかし、軍の台頭、高揚する排外主義によって吹き飛ばされていった。

本書では、開戦を決断し、内外に莫大な犠牲をもたらしたという意味での昭和天皇の戦争責任も問うているが、律義なまでに丹念な研究から私たちは何を読み取るべきだろうか。東日本大震災への政府の対応をも連想しながら、浮かび上がってくるのは「政治」の不在である。

（中公新書、一〇〇〇円）

（二〇一一年七月十七日）

枝折戸を見て主を思ふ

秦澄美枝著『昭和天皇――御製にたどるご生涯』

年の初めに、味わうべき書を読んだ。昨年末出版された秦澄美枝さんの『昭和天皇――御製にたどるご生涯』（ＰＨＰ）である。昭和天皇の歌を日本古来の和歌にも淵源を求め、本当の思いはどこにあったのかを深く分析している。

なぜ和歌なのか。それは天皇が自らの心の内を一切の制約を受けることなく表すことができる唯一の手段であり、「〈神への祈り〉として唯一の詞《ことば》こそが〈倭歌《わか》〉・〈和歌〉の歌詞《うたことば》に他ならない」からだ。

西ひがしむつみかはして栄ゆかむ世をこそ祈れとしのはじめに

太平洋戦争開始の前年、一九四〇年の御製である。この歌こそ、日本と西洋東洋の違いを超えて地球上のすべての国が友好的であってほしいという、昭和天皇の一貫した世界平和への祈りを示したものだろう。

風さむき霜夜の月に世をいのるひろまへきよく梅かをるなり

終戦直前の歌には、霜が降りるほどの寒夜にただ一人、神の前で「世の平安」を祈る天皇がいる。そのとき夜の闇の中から梅の花の香りが漂ってくる。梅とはあるいは終戦の聖断の啓示だったのかもしれない。

身はいかになるともいくさとどめけりただたふれゆく民をおもひて

自分の身はどうなってもかまわない。打ち続く戦争で倒れてゆく国民を思い、戦争を終わらせたい――。それは連合国軍最高司令官、マッカーサーに「貴下は私を絞首刑にしてもよい。しかし私の国民を飢えさせないでほしい」と訴えられたことと軌を一にしている。

◇

秦さんは、昭和天皇の歌に込められているのは「民の幸い」であり、「国の平和」であり、「世界の平和」であるとし、天智天皇を範とされ、後鳥羽上皇を慕われたことを詳細に分析している。

昭和天皇に関しては、あまたのすぐれた伝記があるが、御製について、古来の和歌との関連をこれほどまで究めた書は少ないだろう。吉田茂首相には特別に一章を割いている。

往きかへり枝折戸を見て思ひけりしばし相見ぬあるじいかにと

一九五五年の歌である。小田原を往復された折、吉田の家の前を通りながら、前年総理を辞めた主の吉田に会えなくなった、いまどうしているだろうとの思いにあふれている。

のちにこのことを知った吉田は「聖恩微臣に及ぶ、真に涕泣《ていきゅう》言う所を知らずである」と『回想十年』に書いている。

吉田が亡くなったときには、二首詠んで追憶された。

君のいさをけふも思ふかなこの秋はさびしくなりぬ大磯の里

外国《とつくに》の人とむつみし君はなし思へばかなしこのをりふしに

吉田が亡くなったという悲しい知らせのあと、吉田の「いさを」(功績や勲功)を毎日思い続けている。今年の秋は寂しさがとめどなく深まっていく。

◇

吉田の永眠に際し、香淳皇后も昭和天皇の心に添われるかのように三首も詠まれている。

君をおもひ国をうれひて九十までありへしものをつひにはかなし
いとせめていつもこのみし薔薇の花そなへまほしと思ひしものを
とつくにの人もはせきて菊の花ともにささぐるはこころうれしき

秦さんは、一人の臣の永眠に際して、時の帝が二首もの鎮魂歌を残した例は古来の天皇の和歌には見つからないという。それは一人の臣への哀傷歌にとどまらず、戦後最も苦難に満ちた時期を一緒に耐えてきた同志が亡くなり、ご自分の人生の一端までも遠くへ消え去ったような悲哀をもたれたからであろうと推察している。

今回は本の内容を紹介するだけに終わってしまった。「戦後七〇年」のあとの新年に、改めて「昭和」という時代と、深い絆で結ばれた「君臣関係」に思いを馳せたかったのである。

（ＰＨＰ、二七〇〇円）

（二〇一六年一月九日）

「政事の構造」鍵に迫る

原武史著『皇后考』

近代天皇制の真の理解は何によって可能か。決して憲法や政治制度だけではない。「政事《まつりごと》の構造」(丸山眞男)を読み解く鍵は天皇でもない。皇后であり、皇太后なのだ。そう言い切る著者の、戦慄さえ走る渾身の書である。

明治は四十五年、昭和は六十四年、平成も二十七年に入った。それなのに大正はわずか十五年。しかも大正天皇はさまざまな問題を抱えていた。しかし、皇后に関する限りそうではないのだ。

大みたま吾が身に下り宿りまし尽すまことをおしひろめませ

大正天皇の皇后節子《さだこ》が、神功皇后ゆかりの九州・福岡の香椎宮を拝礼した際の心境を歌ったものである。三韓征伐した神功皇后の霊がわが身に宿って輝いている。それをもっと広めなければならないと決意を新たにしたのである。

節子は一方で男勝りの神功皇后に、他方で施薬院で著名な慈母のような光明皇后に自らを一体化させながら「神ながらの道」にのめり込んでいく。宮中祭祀を軽んずる裕仁（昭和天皇）に対する強い不満とともに、摂政への野望を捨てることは決してなかった。

裕仁が大正天皇の摂政になる時も、終戦後に昭和天皇の退位論が出た時もその機をうかがっていた。著者はこんな「イフ」も書いている。

もし皇太后節子が皇太子明仁（現・上皇）の摂政になり、狭心症の発作を起こさなかったら、明仁が一九五二年に成年式を挙げるまで、もしくは五三年のエリザベス女王の戴冠式から帰国するまでその地位にとどまった可能性が高いと。

昭和天皇は自らには不本意な戦争に入らざるを得なかった。それだけでも心身をすり減らしただろう。加えてもっと恐れなければいけない母の存在があったのである。なぜ昭和天皇は戦後カトリックに接近したのか。皇后の影響もあるだろう。そこにまたもや母の影が見えるのである。これほど存在感のある女性を浮かび上がらせた著者の力量につくづく脱帽した。

（講談社、三〇〇〇円）

（二〇一五年四月五日）

渡邊満子著

『皇后陛下美智子さま　心のかけ橋』

献身と祈りの「国母」

一九六六年五月、皇太子さまの指南役だった小泉信三博士が亡くなった。その翌年一月、とみ夫人の誕生日に小泉家に花束が届けられた。水仙とあらせいとうとエリカ。

贈り主は皇太子妃美智子さまだった。米軍の空襲が迫り来る戦時下、博士が夫人の誕生祝いのため、長い時間をかけて花屋で買い求めたものと同じだった。博士の随筆でこのことを知った美智子さまが亡き恩師に代わって贈ったのだった。それはとみ夫人が亡くなるまで続けられた。

美智子さまを象徴するエピソードである。なぜ美智子皇后は国民に敬愛されているか。本書を読めばよくわかる。小泉博士はご成婚を前に美智子さまにこう話したという。

「仁慈が皇室の伝統精神である。貧しい者、孤独なものにとって、皇室は第一の同情者であるべきだし、歴代その精神を受け継いできた。このことを心に深くとめてほしい」

その言葉通りに歩まれてきたと多くの国民が思っていることだろう。紀宮さま、現在の黒田清子さんがこう述べたことがある。

「皇后さまがこれまで体現なさってこられた『皇族のあり方』の中で、私が深く心に留めているものは『皇室は祈りでありたい』という言葉であり、『心を寄せ続ける』という変わらないご姿勢です」

嫁ぐにあたって、父正田英三郎は愛娘に一言、「陛下と殿下のお心にそって生きるように」と言われたという。こうした「献身」と「祈り」に加え、子どもたちを思いやる、たおやかな「国母」の姿を美智子さまに感じ取る人も多いだろう。

あづかれる宝にも似てあるときは吾子《わこ》ながらかひな畏れつつ抱く

この書は二〇年に及ぶ皇室取材を続けてきた著者の美智子さまへの尊敬とあこがれの結晶のような作品である。『皇后美智子さま全御歌』（新潮社）も併せて読めば、皇后さまへの崇敬の念はさらに深まるだろう。

（中央公論新社、一八〇〇円）

（二〇一四年十一月十六日）

日本の根源

人間中心主義を超える

梅原猛著『人類哲学序説』

「梅原猛、哲学者である。梅原猛、奇人である。大奇人である」

梅原猛が何者かをもっともよく知る一人、編集者西川照子の名言である。本書も最初から奇人の気配が濃厚だ。「人類哲学というものは、いままで誰にも語られたことがありません。人類ではじめて、私が人類哲学を語るのです」。

しかし、その内容はすこぶるオーソドックスである。哲学とは歴史の中で人間はどう生きるべきかを問いその思索を体系化するものだ。現代の科学技術文明を基礎づけたデカルトはじめ、ニーチェ、ハイデッガー、さらには西洋文明の源流とも言うべきギリシャ哲学、ユダヤ文明の核心には何があったのか。

それは一言で言えば「人間中心主義」である。人間の徹底的な自然支配の思想である。それは人類に光明をもたらし、豊かで便利な生活を与えただろう。しかし、この豊かな現代文明が地球環境を破壊するに至っているのである。

このような西洋文明の行き詰まりを打開し、新しい人類の指針になるような思想が日本文化の原理の中に存在しているのではないか。そう思い続けてきた著者が遂に見出したのが、天台本覚思想の「草木国土《そうもくこくど》悉皆成仏《しっかいじょうぶつ》」である。

草木だけでなく国土でさえ、「仏性」を持ち、成仏できるという考えである。アイヌの思想にも貫かれている。「自利」と「他利」の調和を説く思想こそが近代西洋的な人生観に替わって人類の思想になる必要があるというのである。

こう要約してしまうと、いささか唐突に映るかもしれない。しかし、じっくり読めば、東日本大震災を経験したわれわれが何を考えなければいけないかが明確になってくる。

この書は「序説」にすぎない。米寿を過ぎたが、これから本格的に西洋哲学を研究し、より正確で、より体系的に論じた「本論」を書くつもりでいるという。奇人でこそ言えることなのかもしれない。

（岩波新書、七六〇円）

（二〇一三年六月二十三日）

否定された史料に生命

梅原猛著『親鸞「四つの謎」を解く』

語り尽くされ、論じ尽くされたと思われた親鸞。実は鬼才梅原猛さえ解けぬ謎があった。それを親鸞が亡くなった九十歳になろうとしている梅原自身が解明するという。そう言われれば読まないわけにいかない。

四つの謎とは何か。どうして出家したのか。比叡山で約束された出世の道を投げ捨て、なぜ乞食坊主同然の法然に入門したのか。仏教では禁止されている結婚をなぜしたのか。どうしてあれほどまで自己に罪悪感を抱き続けたのか。

史料を徹底して読み込み、学説を検証するだけでない。否定された史料に新たな生命を吹き込み、現場に足を運ぶ。京都、三重、東京、茨城、栃木。〝梅原コロンボ〟は足も使って一つ一つ謎を解いていく。

書評の字数の問題と、読者の皆さんの興を殺ぐことを恐れ、ここでは第四の謎だけに触れよう。親鸞の著作は、自己への絶望とあてどない懺悔に満ちている。『教行信証』の一節にはこうある。

「悲しいことに禿頭《とくとう》の親鸞は、愛欲の果てしのない広い海に沈み、名誉と利益の高山に迷い、浄土に生まれる人の数に入れられることを喜ぼうともせず、悟りの境地に近づくことも嬉しいとは思わないのです」

この異常なまでの罪悪感の根源を遡れば、そこには血筋があった。母方の祖父源義朝は後白河天皇に命じられたとはいえ、実の父、為義を殺した。人を殺した人間はどうすれば救われるのか。極悪人をいかに往生させられるのか。「悪人正機」説はこうして深められていく。

親鸞の結婚は、仏教の積年の悪ともいうべき女性差別を打ち破る狙いがあった。十三世紀という時代に、男女平等の仏教が日本に誕生したのである。悪人さえも救うという第四の謎とともに、親鸞、日本仏教の豊穣な普遍性を梅原は発見したのだ。

それにしても、梅原哲学は「蜘蛛の巣」にも似ている。この世界に迷い込んだら逃れられなくなる。それでも私は十分幸せだと思っている。

（新潮社、二二〇〇円）

（二〇一五年一月四日）

仏教の奥義明らかに

竹村牧男著
『日本人のこころの言葉　鈴木大拙』

鈴木大拙《だいせつ》は渡米後四年ほどたった明治三十四年一月、心友西田幾多郎に手紙を書いた。そこには「予は近頃『衆生無辺誓願度《しゅうじょうむへんせいがんど》』の旨を少しく味わい得るように思う」とあった。その手紙を受け取った同年二月十四日、西田は日記に記した。

「大拙居士より手紙来る　衆生誓願度を以て安心《あんじん》となすとの語胸裡之《きょうりの》高潔偉大可羨《うらやむべし》可羨《うらやむべし》余の如きは日々に私欲之為《た》め此《こ》の心身を労す　慚愧《ざんき》々々　余は……些々《ささ》の肉欲の為め道を忘ること日々幾回なるを知らす」

（『西田幾多郎全集』第一七巻、岩波書店）

衆生無辺誓願度とはすべての人を救済するという誓いのことである。世界的仏教家鈴木大拙の思想の神髄はこの言葉に集約されている。本書を著者は「鈴木大拙への入門のような本」と謙遜しているが、「無心ということ」「日本的霊性」「大悲《だいひ》に生きる」「東洋と西洋」などに分けてわかりやすく解説、宗教とは何か、仏教とは何かを深く考えさせられる書である。

西洋の自由は〝何々からの自由〟だが、東洋の自由とは「自らに在り、自らに由り、自らで考え、自らで行為し、自らで作る」という〝何々への自由〟である。宗教には母性的な大悲の心がなければならず、それが宗教の土台だと大拙は考えた。

阿弥陀仏の国土では自他相互に尊重しあい、すべての人が他者のためにこそはたらく世界のはずなのだ。しかもその世界が、阿弥陀仏との出会いを通してこの世に実現してくると見たところに一般の浄土教家では指摘し得ない仏教の奥義を大拙は明らかにしている。

著者の解説をアトランダムに取り上げたが、大拙の人となりについて西田は明快に書いている。「大拙君は、高い山が雲の上へ顔を出しているような人である。そしてそこから世間を眺めている。……その考える所が、あまりに冷静と思われることがあっても、その底には、深い人間愛の涙を湛えている」。

（創元社、一二〇〇円）

（二〇一八年七月二十九日）

百敗院泡沫頑蘇居士

『徳冨蘇峰　終戦後日記
――『頑蘇夢物語』』ほか

徳冨蘇峰著

大東亜戦争で日本はなぜ敗れたのか。戦争自体は言葉正しく「聖戦」「義戦」だった。自衛のためにやらざるを得なかった。しかし、戦争の方法が間違っていた。局に当たった者がその器にあらざる者だった。

日本を敗戦に導いた臣下の中で右は東條、左は近衛である。皇軍は総体として、無責任で不統一で不能率で不熱心で不誠意だった。買い被《かぶ》っていたことを予は一大懺悔する。

しかし、最も大きな敗因は、一貫した意思と統帥力の無きことだった。中心点を欠いた原因は、今上陛下が明治天皇とは異なり、戦争の上に超然として在《い》ました事である。

主上はモーニング・コートとシルクハットで米国大使館にマッカーサー元帥を訪問された。これだけ御奮発される程なら、なぜ大東亜戦争中、二重橋以外に出御されなかったのか。日清戦争時の明治天皇の如く、親《みずか》ら大本営を設けさせられなかったのか。遺憾千万である。

主上が御在位でましませば、戦争責任問題が再発する危険がある。東條一任だ、朕が関知したる所でないと仰せられることは帝国憲法の真義に照らして認められない。この際は御譲位が御賢明の措置かも知れない。

◇

蘇峰徳富猪一郎は九四年の生涯を通じ「皇室中心主義者」であり続けた。その蘇峰が敗戦後三日目から二年間、襲い来る三叉《さんさ》神経痛の痛みに耐えながら口述したのが「頑蘇夢物語」であり、かくもラディカルな昭和天皇批判が展開されている。

「頑蘇夢物語」は蘇峰の死から四九年後に『徳富蘇峰　終戦後日記』（講談社）として出版された。百年後の人々に訴えようと、敗北の責任の所在を明確にし、戦時に露わになった日本人の実態を詳らかにした。自己正当化もあろう。しかし、真実が含まれていないと誰が言えよう。

日米戦争の徹底遂行を唱え戦争協力した蘇峰には「軍国主義のイデオローグ」の悪名が付きまとう。終戦直後、蘇峰は言論界の最長老として責任を取るべきだと考え、一度は切腹を思い立った。しかし、いずれ近いうちに戦争犯罪人として法廷に立つ身になろうから、その時わが国の立場を米国側によく説明し、然る後にあの世に旅立っても遅くはないと思い直した。

貴族院議員、学士院会員、芸術院会員などあらゆる公職を辞し、文化勲章はじめすべての栄典を返却した。そして自ら戒名を「百敗院泡沫頑蘇居士」と定め謹慎生活に入った。一生を顧み、言論、行動のことごとく敗北だったが、初心ともいうべき思想信条は変えないぞとの決意を示したのである。

東京・府中の多磨霊園にある蘇峰の墓には戒名とともに「待五百年之後」と刻まれている。自分が本当に理解されるために五百年待つという不遜なまでの覚悟が見える。

明治、大正、昭和の三代にわたって言論の第一線で生き抜いた蘇峰が生涯にものした著作は全百巻の『近世日本国民史』を含め三〇〇冊超に達する。敗戦後の八十二歳から亡くなるまでの一二年間に新著一三冊を出版した。

◇

二〇一三年は蘇峰生誕一五〇年。これを機に、蘇峰の全体像を浮かび上がらせようと、昨年暮れ『稀代のジャーナリスト　徳富蘇峰』（藤原書店）が出版された。ジャーナリズムからもアカデミズムからも「歓迎されざる人物」だが、この「規格外の巨人」（大宅壮一）から学ぶものはないのか。

故坂本多加雄教授は、蘇峰は戦後の世界情勢の展開と日本の対応についてかなり的確に見通していたと指摘している。一九五二年の著作『勝利者の悲哀』ではこう書いている。

「米国が日本を誘導し、援助し、文化的にも経済的にも日本を開発して行けば、日本の復興は世界の眼を驚かすほどに迅速であるかも知れぬ。十年を待たざる内に日本は最も頼もしき米国の友国として、同時に東亜の重鎮になるであろう」

「歴史は昨日の新聞であり、新聞は明日の歴史である。従って新聞記者は歴史家たるべく、歴史家は新聞記者たるべし」

蘇峰はこの言葉そのままに実践した。自ら「生まれつきの書物虫」（『読書九十年』）という蘇峰は煙草も酒もやらず、書籍の購入はステッキ集めと並んで数少ない趣味だった。

亡くなる二カ月前、上下合わせて千ページを超える『ルーズベルトとホプキンス』を読み始めた。一カ月前には『ミルトン全集』が入荷したとの葉書が神保町の古本屋から届いたという。

（『徳富蘇峰　終戦後日記　I～IV』講談社、二四〇〇～二八〇〇円）

（二〇一四年一月十一日）

日本人であることの誇り

長谷川三千子著
『神やぶれたまはず
——昭和二十年八月十五日正午』

神こゝに　敗れたまひぬ——。
すさのをも　おほくにぬしも
青垣の内つ御庭《みにわ》の
宮出でゝ　さすらひたまふ——。

折口信夫（釈迢空《しゃくちょうくう》）はこう詠《うた》った。しかし、本当に神はやぶれたのだらうか。
一国の歴史には或る特別の瞬間といふものがある。その瞬間を忘れ、失ふことはその国の歴史全体を喪失することである。

昭和天皇が「終戦の詔書」で大東亜戦争の敗北を認め、すべての日本人に終戦を命じた八月十五日正午こそがその一瞬だつた。

太宰治の『トカトントン』の主人公も、十三歳の桶谷秀昭少年も「死ぬのが本当だ」と思つてゐた。大学生吉本隆明も本土決戦の中で死ぬといふことを当然のやうに考へてゐた。なのに天皇は降伏宣言で「生きよ」と言はれる。

桶谷少年は「天皇は死んだ」と憤激し、「神と己れとの直結性の意識」をほかならぬ神に絶たれた吉本は「神への憤怒」に駆られる。

しかし、さうだらうか。国民を救ふためには「自分はどうなってもいい」と、自らの死を差し出す決心をされたがゆゑに、「見事な敗戦」とも言ふべき秩序正しい敗戦が可能だつた。それは「イエスの死」に比すべき意味を持つ瞬間だつた。大東亜戦争敗北の瞬間において、われわれの神は決して敗れはしなかつたのだ。

かう説く著者は桶谷の『昭和精神史』（文藝春秋）に多くを負ひつつ、日本人の心性を、天皇制の真の意味を描ひてゐる。桶谷によれば、精神史とはその時代に生きた人々の心の姿をできるだけ具体的に描くことであり、「実現されなかつた内面を、実現された結果とおなじ比重において描くといふ方法」である。

この書はその見事な結実であり、最後まで破綻なく論理的に進めながら、日本人であることの誇りに満ちてゐる。旧仮名遣ひの美しい文章を、私もすこしだが真似てみた。

美術、思想、文学を横断

長谷川宏著『日本精神史 上・下』

（中央公論新社、一八〇〇円）

（二〇一三年十月二十日）

日本の思想史についてはいくつもの大著がある。私にとって忘れがたいのは津田左右吉『文学に現はれたる我が国民思想の研究』であり、和辻哲郎『日本倫理思想史』であり、小西甚一の『日本文藝史』である。そして新たに『日本精神史』が加わった。

難解なヘーゲルの著作をやさしい翻訳で次々世に送り出した西洋哲学者が、今度は美術、思想、文学作品などから日本人の考え方をとらえようとしたのである。わくわくするような気持ちで読み始めた。そして記述の平易さに驚き、思考の深さに強く打たれてしまった。

磐代の　浜松が枝を　引き結び
真幸くあらば　また還り見む

謀反の企てが露見して逮捕された有間皇子の歌に、悲しみの情を短歌の形式に表現するための「心情とことばの激しい格闘」をみる。心情を分解、切断、削除、突出させ、圧縮し、組み直してことばにしなければならないし、浮かび来ることばを却下し、短縮し、修正して歌は生まれる。格闘があるゆえに死の悲しみはくっきりとしたイメージとして定着するのだ。

『正法眼蔵』で道元が求めたものは何だったのか。濁世《じょくせ》にあって、穢れたこの世とは次元を異にするあの世を遠望し、そこに万人が迎え受け入れられることを希求したのではない。悟りも解脱も浄福も救済も、あの世のこととしてではなく、この世に現実化されているものとして考えたのだ。その意味で『正法眼蔵』は現実肯定の書だったのである――。

上下一〇〇〇頁、三五章に及ぶ『日本精神史』の最大の特徴は、引用にあたってすべて、自身による現代語訳をつけていることである。容易なことではない。超人的とさえ思える。

それぞれの論にどれだけの新奇性があるか、私にはとても判断できない。しかし、この書は最初に挙げた名著と並んで、長く命脈を保つだろうことは確実に言えるように思う。

（講談社、各二八〇〇円）

（二〇一六年二月七日）

思索深めた「野の人」

澤村修治著『唐木順三——あめつちとともに』

「思索する人（Denker）」唐木順三には四つの顔があった。筑摩書房の編集に携わった出版人、『無用者の系譜』はじめ数々の著作のある評論家、専門学校や大学での教職者、そして故郷信州での教育活動家という顔である。四つの顔には一貫して流れるものがあった。

第一は、大切なのは「人」そのものであるということだ。唐木にとって「心の底から、なんのためらひも、こだはりもなく、先生といへる、真の先生」の一人だった西田幾多郎への思いも哲学者の思想の跡にではなく、その「人」に魅了されたからにほかならない。

第二は「深みの自在に宿した近代批判」であり、日本の良さを求めての日本発見・日本回帰の旅である。

唐木については粕谷一希『反時代的思索者』（藤原書店）という名著がある。今度の評伝は唐木の人間と人生に深く共感した著者が名著も踏まえ、華麗な文章で丁寧に仕上げている。白眉は小林秀雄の「無常といふ事」と唐木の『無常』を比較しての小林・唐木対比論である。

「小林には緊迫があり、唐木には明晰がある。小林には断言があり、唐木には説明がある。小林は押っ取り刀で駆けつけていきなり一刀両断する。唐木は腰に大小をきちんと差して悠然登場しまずは構えから入る」

「小林は詩人肌で鋭敏な都会人である。一方の唐木は教師肌で野の人である。どちらも近代批判の眼と念はきびしいが、小林には青ざめた街を歩く趣味人的繊細があり、唐木には緑の山脈を眺める田園者の質実がある」

もはや明らかだろう。二人の差異は方法と文体、さらには人間性の違いであり、どちらに軍配を上げるかは読者である私たちの志向（好み）にあるということなのだ。

読みながら以前買った『唐木順三全集』（筑摩書房）と最近の『唐木順三ライブラリー』（全三巻、中央公論新社）が本棚に収まったままであることに慚愧の念を覚えた。

（ミネルヴァ書房、四〇〇〇円）

（二〇一七年七月二日）

徹底した内在的理解

熊野純彦著

『本居宣長』

本居宣長について忘れられない文章がある。一〇〇年以上前に出版された不朽の名著『本居宣長』

の著者、村岡典嗣《つねつぐ》が戦前の本居全集の月報に書いた一文である。「その正大な学風、その聡明さ、そのいかにも大人らしい風格、また何ともいへぬうまみのある人柄……たゞたゞ傾倒の念の篤《あつ》くなるのを覚えるばかりである」。

人と作品の全体像を描くにあたって大切なのは、この「傾倒の念」、さらに言えば「偏愛」とも呼ぶべきものではないのか。熊野さんの九〇〇ページ近い渾身の大著を読んでその思いをいっそう深くする。熊野さんは村岡の書の最大の特徴は「宣長思想そのものの内在的理解」にあるという。熊野さんの書にも徹底して宣長を内在的に理解しようとする姿が見える。

本書は「外篇」と「内篇」からなる。外篇では明治以来の宣長論をこれ以上考えられない詳細さで分析している。丸山眞男らによる政治思想的研究に魅力を感じつつも、宣長像としては文学思想の深度と強度を理解しない「虚構」であると論断、小林秀雄の『本居宣長』は「宣長の思考から逸脱して、秀雄一箇の心情の吐露へと移っていったかにみえる」と批判している。

それゆえ内篇では『古事記傳』をはじめ宣長の著作から宣長は何を目指したのかを、徹底した内在的理解によって浮かび上がらせている。宣長は過剰なほどの理智をもって註釈を展開しているが、それは単なる註釈ではない。「無償の好奇心」に駆られた「物語を生きる」ということであり、どこか子どものたわむれめいて読む者を微笑ませてくれるというのである。

本書は宣長と同じように、張りつめた透徹した論理的分析の一方で、宣長の心を汲むかのようなロマン的な記述が随所にある。本居宣長については素人の一人でしかないが、村岡典嗣の『本居宣長』（一九一一年）、小林秀雄の『本居宣長』（一九七七年）などとともに、欠くべからざる一冊として宣長研究史に残るだろう。

（作品社、八二〇〇円）

（二〇一九年一月二十七日）

胸がすく日本社会論

竹内洋著『大衆の幻像』

この魅力的な題名の書をひと言で表せばどうなるだろうか。「快刀乱麻」がもっともふさわしいだろう。しかもただ刀を振り回すだけではない。古今の学問的成果を縦横に駆使した、胸のすくような大衆社会論になっている。

日本においては、一九七〇年代後半に新中間大衆に代表される大衆人が誕生し、「恒常的大衆社会」となって大衆圧力が強まる。民意や消費者や納税者が神棚に上げられ始めたのである。大衆圧力はさらに強まり、「大衆高圧釜社会」が誕生する。そこでは「大衆目線」が何よりも大切にされる。首相も社長も教師も「上から目線」が禁じられる社会になり、指導者は率先して大衆の圧力増幅に加担し、「大衆御神輿《おみこし》ゲーム社会」が成立してしまった。

それは政治の世界で見るとよくわかる。ポピュリズム（大衆迎合）の蔓延である。それも「超ポピュリズム」と呼ぶべきものである。有権者にウケることが先になり、ウケるためだけに打ち出された政策が、われわれの政策こそがウケたのだと勘違いしてしまう。迎合そのものが自己目的になってしまうのである。

この病弊をどう克服すべきか。著者は「実直型」に期待する。それは「すべきことに没入する職人型」であり、御天道様に恥じない仕事をしているという自負を持った人々だ。この単純とも言える提言に心から賛同したい。

この書では、「大衆高圧釜社会」の中での知識人の役割について、丸山眞男、清水幾太郎、福田恆存、吉本隆明らについての鋭利な分析がある。一見偶像破壊的だが、同時にすぐれた知識人から学ぶことの多いことも教えてくれる。

この書には味わい深いエッセーがいくつもある。居酒屋で日本酒を飲んでいる人を見ると、酔いを楽しむ「くつろぎ酒」という高品質日本酒文化が定着したことを実感したとある。自分が未だその領域に達していないことを深く恥じてしまう。

（中央公論新社、二三〇〇円）

（二〇一四年八月二十四日）

幕間2　橋本五郎文庫のこと

氷結の山間に心を練る——わが蔵書を贈る

十一月の土曜の朝、五時には目が覚めた。前夜はなかなか寝付かれなかった。わが町に蔵書二万冊を寄贈すると約束、この日第一陣として五千冊を送り出すことにしていた。

それぞれの本に愛着がある。思い出がある。手放すのはやはり忍びない。私には二人の娘がいる。家人は私の気持ちを忖度し、こう言った。

「三人目の娘を嫁がせるような気持ちでしょうね」

私の生まれた町は秋田県山本郡三種町。干拓された八郎潟の東のほとりにある。五年前、三つの町が一緒になった。人口二万人、七〇〇〇戸。空き家は何と三〇〇〇戸に上る。

子どもたちは減る一方。わが小学校は昨年三月とうとう統合され、一二五年の歴史の幕を閉じた。全校でわずか一九人。二、三年生、四、五年生は一緒という複式学級だった。

学校が無くなるというのは大変なことである。寂れる一方だ。廃校を図書館にできないかと考え、町会議員の小学校の同級生に相談した。それから二年、十月には町役場で本の贈呈式が行われた。地区の代表が集まって、「橋本五郎文庫」を運営するための組織も作ってくれた。

◇

癌で闘病中の哲学者、今道友信先生を病院にお見舞いし、一緒に暮らした本が手元から離れる寂しさを漏らした。

「そりゃあ、本は自分を育ててくれたんですからね」

先生はそう言われた。

これまで本から学んだことはどれほどあったことか。段ボール箱に詰める作業をしながら、峻烈な生き方をした一人の哲学者のことを思った。田辺元（一八八五―一九六二）である。

岩波書店が『種の論理』『懺悔道としての哲学』など田辺の主要著作を十月から四冊の文庫にして出版している。藤田正勝京大教授の各巻の解説は田辺の人と作品についてこれ以上ない導きである。藤田氏の解説や『田邊哲学』（弘文堂）『田辺元　思想と回想』（筑摩書房）などから浮かび上がる田辺の生き方には圧倒されてしまう。

◇

京都大学での授業について、弟子の武内義範はこんな風に表現している。

先生はチョークを取ってしばらく凝然として考え込まれる。先生の顔は厳しく何かつきつめた思いが眉宇の間にひらめいている。おそらく昨夜はほとんど眠られなかったであろう先生の傷ましいような重苦しい緊張がそこにあった。

やがて先生はぼつぼつと低い声で話を始められる。その声は噴水の最初の湧出の、かそかな響きのようで、やがて力強い思想の噴き上げが教場いっぱいに繰り広げられた。私たちは一時間四〇分のあいだ、先生の思索のしぶきに打たれて全く息もつけぬことがよくあった。

その日常は峻烈を極めた。弟子の相原信作は書いている。

「先生は精神の弛緩を表現する一切のものを嫌悪し、職務上の最小限度の必要以外には、世間との接触を忌避した。それは無限の醜悪として先生を殆ど生命を脅威するほどに戦慄せしめたやうに思われる。先生は三十余年の京都生活において京見物をされたことなく、大阪に行きしことなく、大学人以外と交はられしことなく、いわば病毒を避けるやうに世間を避けた」

京大退職後は群馬県北軽井沢の山荘に住み、死去するまでの二〇年間、一度の例外を除き山を下りることはなかった。冬季には氷点下十数度の地に身を置き「厳しい懺悔苦行の生活」（下村寅太郎）を送った。

哲学とは己を律し、血涙を流して常に自分を捨てては新しくするというところに成り立つと考えていたからだ。田辺自身がニーチェの言葉を引いている。

「厳しい高冷の空気に慣れ、氷結の山間に心を練ることが哲学にふさはしい」

◇

その田辺の酷寒のごとき生活にも、晩年は温もりと輝きがあった。作家野上弥生子との節度ある「老いらくの恋」（加賀乙彦）と呼ぶべきものである。

北軽井沢で田辺家と野上家は谷を挟んで歩いて一〇分ぐらいの近さにあった。一九五〇年、弥生子の夫豊一郎が逝き、翌年、元の妻千代が亡くなった。その時から二人の交情が始まった。

『田辺元・野上弥生子往復書簡』（岩波書店）には知性あふれる対話と相手を思いやる心情が満ち

ている。

元から弥生子へ
君に依《よ》りて慰めらるるわが心君去りまさばいかにせんとする

弥生子から元へ
あなたをなにと呼びませう
師よ
友よ
親しいひとよ。
いつそ一度に呼びませう
わたしの
あたらしい
三つの星と。

田辺は自分を京大に招聘してくれた、尊敬する西田幾多郎の哲学を執拗に批判した。このため恩義に感謝しない人間だと批判されたが、田辺は言った。

「プラトンは慕わし、されど真理はさらに慕わし」

田辺の人と哲学にはさまざまな批判があろう。しかし、この緊張感、決して自分に妥協しない厳しさ。少しでも学びたいものだと痛切に思う。

（二〇一〇年十二月十一日）

ふるさとは緑なりき――手作り文庫の温もり

「手前味噌」になるかもしれないことを恐れつつ、いささか私事にわたることを書きたいと思う。

二〇一一年四月二十九日の昭和の日は、私にとって忘れがたい一日となった。

統合され廃校になったわが母校の小学校に、図書館がオープンしたのである。その名も「橋本五郎文庫」。自分の名前を冠するなどということは恥じらいのない所業に違いない。そうではあるが、長年の念願がかなった喜びは一入である。

私の生まれ故郷は秋田県山本郡琴丘町（現三種町）。干拓した八郎潟の東のほとりに位置する。過疎化が進み、母校鯉川小学校は全校で一九人にまで減ってしまい、一昨年三月、一二五年の歴史の幕を閉じた。

寂れる一方の中で、自分なりに協力できることはないかと考えてきた。町会議員の同級生にも相談、蔵書の中から二万冊を寄贈し、図書館をつくりたいと町に申し出た。昨年十月二十九日のことである。

翌月から東日本大震災の直前まで六回にわたって、小学校の後輩に運んでもらった。読書のほか何の趣味もない私にとって本は分身のようなものである。一冊一冊に思い出があり、人生の一部がある。手放すことには深い感慨が伴った。

◇

「橋本五郎文庫」とは言っても、こちらはただ送っただけである。旧小学校の校区の集落の代表者が集まって地区交流センター運営委員会（小玉陽三会長）を組織し、具体的な図書館作りに入った。

ボランティアを募集したところ、四〇人（九割が女性）が名乗りをあげてくれた。なにしろ図書の分類方法や管理の仕方など初めての経験である。秋田県立図書館に出向いて一から勉強、ジャンル別に一冊一冊パソコンに打ち込み、ラベルとラベルカバーを貼る作業に没頭した。

作業は週三日、朝から夕方まで、主婦としての仕事を一時脇において、四カ月間にわたって続けられた。延べで七五〇人が加わった計算になるという。

◇

町も財政難にあえぎ、室内の改築費用も思うようにままならない。町会議員の同級生が何度も町に掛け合って、予算化してくれた。もう一人の同級生は、「文庫」に懸ける思いを綴った手紙を書いて、同級生たちに寄付を募ってくれた。彼は各家々も回ってボランティアのお願いまでしてくれたという。

この小さな図書館が中心になって、人が交流し、少しのにぎわいが戻ればこんな嬉しいことはない。そのためには「文庫」の看板は有名な人に書いてもらおう。そうすれば看板見たさに来る人だっているだろう。

そんなことを考え、ある朝、家人に話した。「自分はずっと政治記者だったんだから、最も尊敬する政治家に書いてもらおうと思う」。間髪入れず返ってきた。「それは中曽根さんでしょう」。珍しく夫婦の意見が一致した。

中曽根元首相については、国会議員として政治の第一線から退くことが決まった時、『読売新聞』にこんな署名記事を書いたことがあった。

「戦後を代表する首相を三人挙げろと言われれば、躊躇なく、吉田茂、佐藤栄作、中曽根康弘を挙げる。順序を付けよと求められれば、迷いなく中曽根、吉田、佐藤と答える。なぜか。吉田の背後には、マッカーサーという『至高の権力者』がいた。佐藤には高度成長という『時の味方』があった。しかし、中曽根にはそうした〝後ろ盾〟は何もなかった」

中曽根さんにお願いに行ったところ、「それは光栄です」と快諾いただいた。この書をもとに二つの看板を作った。表玄関には風雪に耐えられるように欅に彫ってもらい、図書室の前の看板は天然秋田杉の赤身で作ってもらった。そして書は額に入れて室内に飾ることになった。欅と秋田杉の調達も含めすべて秋田の親友が手配してくれた。

◇

オープン当日は前日までの悪天候が嘘のように晴れ上がった。地元の人たちを中心に、東京からの友人も含め四〇〇人以上が駆けつけてくれた。子どもたちによる地域活性化行事「鯉まつり」のにぎやかな祭りばやし、ピアノ、尺八の演奏が式典に花を添えてくれた。

小玉会長が「文庫を地域の心のよりどころにしていきたい」と文庫開設までの経緯を説明。私はボランティアの皆さんはじめ文庫に携わっていただいたすべての人たちに深い感謝の気持ちを伝えた。「本なんて読まなくていい。ここに行けば誰かがいるかもしれないという場所にしたい」と挨拶した。

この文庫は静かに本を読める部屋だけではない。お茶やコーヒーを飲める交流室もあれば、野外でも本が読めるようになっている。旧小学校で使った図書一五〇〇冊を並べ、親子で読書できる部屋もある。

ソファには手作りのカバーがかかり、椅子には座布団が敷いてある。部屋全体に手作りの温もりがあるのである。交流センターでは、文庫開設を機に、私を囲む会や講演会、「健康教室」、さらには盆踊り大会、グラウンドゴルフ大会など様々な企画を実行に移そうとしている。夢は大きく広がっている。

（二〇一一年五月十四日）

第III部　生きるということ

生きることの哲学

夫婦という不思議なもの

加賀乙彦、津村節子著『愛する伴侶《ひと》を失って――加賀乙彦と津村節子の対話』

七年前に夫を亡くした妻と五年前に妻を失った夫の、今なお、そばにいるかのように伴侶を恋うる対話です。

節子さんは毎朝起きると、吉村昭さんの写真に「おはよう」とあいさつし、コーヒーをあげます。外出から帰ると、また写真に向かって「今日は加賀さんと、あなたのことをおしゃべりしてきたわ」と報告するそうです。加賀さんは仏壇兼礼拝所の前であや子さんに、朝は「おはよう」、寝る前は「おやすみ」と呼びかけます。生の花はすぐ枯れるので、仏壇には造花をいっぱい飾ってあるといいます。

でも、夫婦の姿としては好対照です。外国旅行にもミュージカルにもファッションショーにも二人で出かけた加賀さんに対し、そんなことは一度もしなかった吉村さん。節子さんはあや子さんを心から羨ましく思い、吉村さんを「おもしろくない人」と言い切っています。

節子さんは作家としての仕事に追われ、吉村さんの最期を介護できなかったことの後悔に今なお苛まれています。節子さんの著書『紅梅』（文藝春秋）の書評（本書二五四頁）で私は「十分尽くしたのだから、もう自分を責めないで」と書きました。でも、節子さんは「くさびみたいに入っちゃった悔い」を一生背負おうとしています。

加賀さんと節子さんには信仰の違いもあります。神があり、あちらの世界があって妻に会えることに賭ける加賀さん。あちらの世界があるとはどうしても思えず、永遠の別れになってしまったと嘆く節子さん。私たちの気持ちも二つの生き方の間で揺れ動きます。

そんな違いを超えて共通するのが伴侶への思慕の気持ちです。対話の中でも「夫婦という不思議なもの」と表現されています。長い歳月を共にすることで知らず知らずに一体になってしまったからなのか。そんなことも思いながら、それでは、わが夫婦はどうなのだろうと思わず自問してしまいました。

（集英社、一二〇〇円）

（二〇一三年九月八日）

魅惑のヒロコワールド

中村紘子著『ピアニストだって冒険する』

世界的ピアニスト、中村紘子が亡くなって七月二十六日で一年。死のひと月前まで書き継がれたエッセイが瀟洒な本になった。歴史への洞察を踏まえた文明批評、鋭利な現代批判、研ぎ澄まされた人間観察、小気味よい文章……。「天は二物を与え給うた」との感慨を禁じ得ない。

まず読書量の膨大さと交遊の広さ、深さに驚く。そこからあらゆる養分を吸い上げて「中村紘子」はつくられたのだ。その象徴的な人物が安宅産業二代目の安宅英一氏である。安宅氏は十五歳の「小娘」に朝鮮李王朝時代の国宝級の白磁を触らせ、速水御舟《ぎょしゅう》のおびただしいデッサンを見せ、新喜楽や吉兆で食事させた。

「コンクールの政治学」とでも呼ぶべきものも鮮やかに描かれている。コンクールは「準備不充分な逸材よりも、周到な準備の整った凡才を選ぶ」。審査員は圧倒的に男性が多く、同じ実力があれば、魅力的《セクシー》な方を選択する。それが人間社会の厳しい現実である。

旧ソ連の国策としてつくられたチャイコフスキー・コンクールと比較してのショパン・コンクールに込められたポーランドの人々の思いには思わず目頭が熱くなる。千年近くにわたる近隣からの迫害でズタズタにされた民族の誇りと希望を取り戻し、未来に向かう新たな力を与えてくれたのがショパンだったのだ。

現代日本への批判も容赦がない。なぜピアノ界に新しいスーパースターが現れないのか。ハンガリーでないことが一番の問題だが、今日の日本では「未成熟」を売り物にし「カワイイ」がもてはやされている。大人になるより子供で居続けた方が楽しい社会では無理なのだ。

一人の類いまれな才能を大きく育てるためには、一人の教師が身も心もその個人的な幸福までも捧げ切ってしまわなければならないという「天才児にひそむ魔」の指摘、恩師井口愛子先生への評価など、冷徹さの中に温かさがあり、公正さを失っていないことにも心惹かれる。

（新潮社、一八〇〇円）

（二〇一七年七月二十三日）

裏街道の世界の実相

佐々淳行著『私を通りすぎたスパイたち』

「欺《だま》し合い」「非情」「闇夜の裏街道」……。「007シリーズ」のジェームズ・ボンドの華麗さとは無縁のように、地道で厳しい忍耐が強いられるスパイ摘発。表に出ることのない世界の実相を明らかにし、インテリジェンス（情報・諜報）を一元化する中央情報局の創設を主張してやまない憂国の書である。

この道のエキスパート佐々淳行はそもそもスパイとは因縁が深い。朝日新聞記者の父がゾルゲ事件で関与を疑われ、小学六年生の著者は〝証拠隠滅〟を手伝っている。警察庁に入ってからは、アメリカでスパイ・キャッチャーの訓練を受け、東芝機械のココム違反事件など多くの事件にかかわっていく。

インテリジェンス活動には徒労の日常が待っている。ある日の黄昏時ソ連大使館の館員をスパイ・

キャッチャーが尾行したら、芝公園の灌木の茂みにそっと包みを隠した。取りに来るスパイを捕まえようと三交代二四時間態勢で張りこんだ。

ところが二晩たっても誰も来る気配がない。包みを開けてみた。なんとウォッカの空き瓶だった。禁止されているウォッカを隠れて飲み、そうっと捨てにきたのだろう。

カンボジアからいつも驚くような報告を送ってくる若い外交官がいた。シアヌーク国王の何番目かの愛人との「ピロートーク」(寝物語)で情報を取っていたのだ。

「家庭不和に陥らない範囲、個人の裁量と才覚の範囲で、外交術のひとつとして行うことは許容されるのである」

国家の命運がかかっている任務の重さを考えたとき、自ら望まないことでも、あえてやらなければならない辛さの表現、と私は解釈した。

のちに日銀理事になる緒方四十郎さん(緒方貞子さんの夫)に事あるごとに言われた言葉を、愛情あふれる小言だったと記している。「派手に動き回るな」「目立ちすぎるな」「静かにしておれ」。後輩をよく知る先輩とはありがたいものである。

(文藝春秋、一五〇〇円)

(二〇一六年四月二十四日)

「開発《かいほつ》」と開発の哲学

福澤武著『独立自尊を生きて』

福澤諭吉のひ孫（次男捨次郎の孫）で三菱地所の元社長とあれば、「選ばれし人」と思うのが普通である。しかし結核で十一歳から二十三歳まで闘病生活を送り、大学入学資格検定で慶應大学に合格、六浪相当？で幸運にも三菱地所に入ることができた。

結核療養所での先輩患者の一言が生きる指針になった。「親に迷惑をかけているなんて気に病むな。まずは病気を治すことだけ考えろ。エゴイストになれ」。「自分は自分、人は人」と割り切った。

苦難がこの人をつくった。社長として旧弊や周囲の雑音にとらわれずに、若い社員の意見を積極的に採り入れ、丸ビルを始めとする「丸の内の再構築」が可能になった。経営本より哲学書を重視する著者自身が哲学的である。

仏教の「衆生の善根を開発《かいほつ》する」とは、生きとし生けるものが本来備えている特性を開花、発揮させること。まちづくりで良い建物を造り、道路を整備する開発も同じ。そこで活動する人たちが本来備え持っている能力を遺憾なく発揮し、生きがいを感じてもらうことだという。味わい深い言葉である。

（慶應義塾大学出版会、一八〇〇円）

平常心と壮絶な死生観

与謝野馨著
『全身がん政治家』

（二〇一七年十一月十九日）

あなたなら、がんと診断され絶望の淵にいる妻を、どう励まし、手術を勧めようとしますか。

「私の本当の生命は、細胞の中のDNAにあって、それはおまえの細胞の中のDNAと結びついて、子どもたちにもう渡してしまっているんだ。その時点で、生命の永遠性というものは保障されていて、命のリレーはもう済んでいるから、何も心配はいらないんだよ」

与謝野馨はこう妻を説得したのです。どこまで妻の耳に入ったかわからないと本人も述懐していますが、それは三〇余年、がんと付き合ってきた人間が辿り着いた死生観、生命観でもあったのです。

三十九歳以来、悪性リンパ腫、直腸がん、前立腺がん、下咽頭がんという四つのがんと闘い、再発すること三回、国立がん研究センターに通院すること一〇〇回以上に及んでいます。この書は名うて（？）のがん患者による壮絶な物語です。

がんとの闘いの壮絶さだけでありません。厳しい現実をあるがままに受け入れて微動だにしない「魂の壮絶さ」とでもいうべきものがあるのです。現実の辛さに耐えられなくて泣いたり、精神的な苦しさからわめき立てたりしたことは一度もないといいます。家族にさえ告げず、一人で耐えてきたのです。

どうして可能だったのか。医師とその背後にある科学への信頼とともに、自分を客観視できたからです。長年がんと付き合い、「三重人格」になったと書いています。「病気と闘っている私」「仕事をしている私」「それを冷ややかに見ている私」という三人が与謝野馨の中にいるようになったというのです。

「患者であることに夢中になってはいけない」。「治るんだ」という強い意志の一方で、こう思い続けてきたそうです。「平常心」ということでしょう。一二年前、胃がんの手術をし、今なお再発にびくびくしている身として、そう強くありたいと思うこと、切なるものがあります。青木直美取材・構成。

（文藝春秋、一四〇〇円）

（二〇一二年七月二十二日）

広く深い作品の秘密

宮城谷昌光著『窓辺の風――宮城谷昌光　文学と半生』

「三年園を窺《うかが》わず」。庭に下りる暇《いとま》もないほど学問に没頭するさまをいう。三十代後半の宮城谷は中国の春秋戦国時代のおもしろさに惹かれ、テレビも見ないでひたすら部屋に籠もった。三年間、外に出た記憶がほとんどない。長時間座り続けたせいか、足に水がたまって病院で抜いてもらったほどだった。

そして白川静の著作に出会う。中国古代の人と物がはっきり見えてきた。豁然《かつぜん》としたのである。「今でも、白川さんの本を一行読むだけで、長編小説が書ける気がする」

そう言わせる白川の偉大さとともに、そう断言できる宮城谷のすごさに圧倒される。

宮城谷作品に接した人は例外なく思うだろう。『天空の舟』『夏姫春秋』『重耳』『孟嘗君』『楽毅』『太公望』『三国志』『奇貨居くべし』『草原の風』……。なぜあれだけ広く深いものが書けるのだろうかと。本書を読めば疑問の一端が確実に氷解するに違いない。

しかし、そこにたどり着くまでには辛酸の日々があった。早稲田大学を出てもすぐ就職できなかった。小さな出版社のアルバイトもした。最初の長編小説『王家の風日』に出版社の反応は皆無だった。

『王家の風日』を送ったら届いた司馬遼太郎からの葉書は、暗闇の中の一条の光だった。そこには「殷《いん》の末のころを舞台に、箕子のことを書くなど、まことに大きな志であると存じ上げました」「よきお作であると存じあげました」とあった。

宮城谷には何よりも大事なものがあった。妻、聖枝《きよえ》の存在である。なぜか神がかり的なまでに先を見通す力のある妻のアドバイスで何度道を開くことができただろう。

「あなたにあわなければ、宮城谷昌光という作家は、どこかの路傍の石になっていた」

白川静、司馬遼太郎、そして聖枝夫人の存在なしに作家宮城谷昌光は誕生しなかっただろうことがよくわかるのである。

(中央公論新社、一五〇〇円)

(二〇一五年十一月二十九日)

「寅さん」の本質を突く

倍賞千恵子著

『倍賞千恵子の現場』

拝啓　倍賞千恵子様

ご本を拝見し、人間論、演劇論として心から共感を覚えました。「寅さん」の中でお好きだという、とらやの茶の間とさくらが寅さんと別れるシーンは私も大好きです。いつも笑いながら涙が出ます。さくらは何と心労が多いことか。でも何と幸せか。

さくらには「こんなことをしてあげたのに」という「のに」がない女性と書いておられます。本当にそうですね。倍賞さんを山田監督は「無個性の個性」と評したそうですが、言い得て妙です。誰にも温かい無限抱擁性があります。

渥美清さんを「石」に例えておられます。どんな渥美清論よりも本質を突いているように思います。山の上のゴツゴツした石が何年も何年もかけて麓に下りてくる。人前に出たときは四角いツルンとした石になり、触ってみたくなる……。それが渥美清だと。

肺がんで亡くなったお母さんのおっぱいを吸って初めて母と娘になれたような気がすると書いておられます。お互いに仕事があったためですが、この哀切さが倍賞千恵子・さくらにあるから、私たちの心を打つのだと思います。

（ＰＨＰ新書、九二〇円）

（二〇一七年九月十日）

『日本を、信じる』

瀬戸内寂聴、ドナルド・キーン著

心から生きたいと思う

ともに今年九十歳の対談だが、ただの九十歳ではない。片や「辺境の学問」日本学を普遍性に高めたと司馬遼太郎に言わしめた鬼怒鳴門（キーン・ドナルド）さん。片や愛をリアルに描き、今なお説法行脚を続ける寂聴さん。

あまた学ぶことがあるが、ここでは二つだけ取り上げよう。一つは『源氏物語』の魅力である。なぜ今も人々の心に訴えるのか。キーンさんによれば、女性が書いたからであり、愛や憎しみ、嫉妬といった変わらぬ人間の感情を描いているからである。

そして人間は何のために生きるのかという根源的な問いに対し、それは「美」のためだという明快な答えを示しているからだ。

二つ目は深い死生観が示されていることである。「長編をあと三つぐらい書かなければいけない」と思っている寂聴さん。以前、作家の宇野千代さんに訊《き》いた。「なぜそんなに長生きしたいのか」「長く生きると秋の木の葉がはらりと自然に落ちるように命が尽きる、痛くないし、苦しまない」。それがいいと寂聴さんも思うのである。熟読しながら、心から生きたいと思う対談である。

老いの哲学と「戦時の花」

森本哲郎著『書物巡礼記』ほか

（中央公論新社、一二〇〇円）
（二〇一二年五月十三日）

わが書斎の机の上には、いつでも手に取れるように何冊かの本を立ててある。母の追悼集、森本哲郎著『書物巡礼記』（文化出版局）もその一冊である。巡礼記に収められている見開きのカラー写真を何度見入ったことであろうか。

書棚の前に森本さんが立ってページをめくっている。書棚には宇《う》井《い》伯壽《はくじゅ》博士の仏教研究書やウパニシャット全書、ギリシャ、東洋、イスラム文明に関する和洋の書が並んでいる。理解できないかもしれないが、一度は手に取ってみたいと思う重厚な書ばかりである。

今日、十月十三日、森本さんは八十七歳の誕生日を迎えた。「もっと自由に『私』を表現したい」と思って、五十一歳を機に新聞社を辞め、世界を旅し、哲学を、文明を考えてこられた。

目まぐるしく揺れ動く現実を取材しながら、文明史的観点を見失うことなく、「生きるとは何か」を考えたい。そう思う私にとって、一度もお会いしたことはないが、森本さんは偉大な先達である。

森本さんが重い鬱病と聞いたのはいつだったろうか。密かに心痛めていた。しかし三年余で克服、『老いを生き抜く』（NTT出版）を出された。道元とインド思想を導きに「生死《しょうじ》」を深めようとしている。

森本さんは召集を受け、「生死」を考える拠りどころを求めて道元の『正法眼蔵』を忍ばせ入隊した。しかし、その文章はカントやヘーゲルより難解で、その都度撤退せざるを得なかった。新聞社を辞め、インドに向かう時も『正法眼蔵』の文庫本三冊をスーツケースに入れた。なぜ『正法眼蔵』なのか。

道元の時間論の核に「而今《しきん》」という考えがある。過去の「時」はみな現在の私のうちに存在する。「而今」とは「まさにこの時」「今の今」「永遠の現在」である。生きている時は生よりほかは何もなく、死の時が来れば死（滅）のほか何もない。生きている時はひたすら生に、死ぬ時はただ死と向き合っていればよい。それは決して難しいことではない。

諸々の悪をなさない、生死にこだわらない、生きとし生けるものに哀れみの心を持ち、上を敬い、下を労り、すべてのことに厭《いと》う心を持たず、願う気持ちも抱かない。そのような境地に鈍根の私は達することができるだろうか。でも、歩もうとする努力だけは不可能ではない。森本さんはそう思うのだ。

インドのアシュラム（修道院）を訪ね、スワミ・チータナンダ師に「ヨーガというのは馬に馬具をつけるという意味です。心の準備です」と言われる。

「心をととのえることです。とりあえず精神に小さなピリオドを打つ訓練をしてごらんなさい。つまりわずかでもいいから沈黙の時間をつくるのです」

森本さんの「内因性鬱病」の原因のひとつは奥さんが「認知症」になったことがあるという。六〇年間生活を共にした妻との間にコミュニケーションが成立しなくなるとは何と侘びしいことだろうと書いている。

そういえば、『書物巡礼記』にイギリスのことわざが引いてあった。「最も信頼に値する友が三人いる。老いたる妻、老いたる犬、そして貯金」。何と侘びしい話かとあるが、慶應義塾長だった小泉信三さんの「戦時の花」を思った。

昭和二十年一月、小泉さんはゲートル姿で、東京・三田綱町の自宅から丘を越え、川を渡って六本木まで歩いて花を買いに行った。米軍の空襲の心配があったが、妻とみさんの誕生祝いに花を贈ろうとしたのだ。

買い求めたのは、水仙と、白と淡紅色の花をつけたあらせいとうと、淡紫の小花がむらがり咲くエリカの花束だった。

「戦争のこの危急の段階で妻の誕生日に花屋に花を買いに来たということが、何か攻撃を無視した行為のように思われて、それが愉快であった。妻は果たして贈り物に驚いた。二人の娘は共に父の行為を賞賛した」

小泉さん五十六歳、とみ夫人五十歳の時だった。これには後日談がある。戦後、このエピソードを「戦時の花」として雑誌に書いた小泉さんは昭和四十一年五月、帰らぬ人となった。ところが、その翌年、夫人の誕生日に、小泉家には水仙とあらせいとうとエリカの花束が届けられた。

皇太子妃美智子さまからだった。「戦時の花」を読まれ、皇太子さまと相談されて、小泉さんの代役を務められたのだ。道元、インド思想との関係を問われれば困るが、ふと連想した。

(『書物巡礼記』文化出版局、一九〇〇円)

(二〇一二年十月十三日)

拝啓　岩本トミエ様

岩本光弘著
『見えないからこそ見えた光——絶望を希望に変える生き方』

息子さん、ヒロさん、とうとうやりましたね。二月二十四日、全長一二メートルの「ドリームウィーバー号」で米サンディエゴを出航、無寄港で四月二十日、福島県小名浜に到着しました。世界初となるブラインドセーラーによる太平洋横断、テレビで到着の模様を見て思わず涙しました。そしてこの快挙の秘訣はヒロさんの生き方そのものにあったことを今度の本で知りました。

ヒロさんは先天性弱視で、十六歳で全盲になり、自殺を考えるほどの絶望の淵に立たされながらも常に前向きでしたね。

「壁は押しつぶされるためにあるわけではなく、ぶち破るためにあるんだ」
「あなたがもし……運を引き寄せたいというのであれば口にしている言葉をまずポジティブなものにしてみてください。言葉を変えることで行動が変わり、行動が変わることで習慣が変わり、習慣が変わることで性格が変わり、性格が変わることであなたの運命が変わります」
ヒロさんはそれを実践しました。二十二歳で米国に留学、帰国して英語学校に通い、そこで出会った米人女性と結婚、「文部教官」という肩書を捨ててサンディエゴに移住しました。二〇一三年に辛坊治郎さんとの太平洋横断に失敗したあとも決して挑戦をあきらめませんでした。

ヒロさんには伯父さんや盲学校の先生など多くの支えがありました。「お前の目が見えなくなったのには意味がある。お前がポジティブに生きる姿を見せることで、見えていても何のために生きているのかわからなくなっている人たちに、勇気と希望を与えるんだ」。この伯父さんの言葉はとても重いですね。

でも私が泣いたのは、これまでのお母さんの辛さを思ったからです。全盲になったのは自分のせいではないかと長い間自らを責めていたと推察します。でも、ヒロさんが夢を実現、お母さんの肩の荷が少しですが下りたと思い、泣かずにいられませんでした。

敬具

（ユサブル、一四〇〇円）

（二〇一九年六月九日）

情熱の形而上学者

井筒俊彦著『井筒俊彦全集』

この世には、この世の人とは思えぬ人がいるものである。

司馬　私は井筒先生のお仕事を拝見しておりまして、常々、この人は二十人ぐらいの天才らが一人になっているなと存じあげていまして。

井筒　とんでもない。いろんなことに興味をもってやりましたけれど、そのかわり非常に浅薄なんです。ただ、この世に生まれてきて、こんなにおもしろいことがたくさんあるのにそれをやらないで、いわゆる専門の蛸壺に入り込むということは、ちょっとしたくなかったのです。

亡くなる直前、井筒俊彦さんは司馬遼太郎さんとの対談「二十世紀末の闇と光」（雑誌『中央公論』）でこう語っている。ある編集者が井筒さんに聞いたという。「先生は三十数カ国語できるといわれていますが、本当ですか」と。

「いや、ほとんど忘れましたよ。いま使えるのは、英、仏、伊、西（スペイン）、露、ギリシャ、ラテン、サンスクリット、パーリ、中国、アラビア、ペルシャ、トルコ、シリア、ヘブライ語ぐらいなものです」

井筒さんは、すべての思想的古典を、その国のその時代の言語で読むことを貫いた。イスラム教の聖典『コーラン』を日本人で初めてアラビア語の原文から翻訳したのも井筒さんだ。本当の学問とは本来そうでなければならないのだろう。

◇

今年は井筒さんの没後二〇年にあたる。来年は生誕一〇〇年を迎える。これを機に井筒哲学の全体像を明らかにしようと、日本語で書かれた著作すべてを収めた『井筒俊彦全集』(全一二巻・別巻)の刊行が慶應義塾大学出版会によって始まった。

井筒さんは慶應大学で西脇順三郎教授を師に言語学者としてスタートした。新鮮な講義は大教室から学生があふれるほどの人気だったという。戦後はレバノン、エジプト、シリア、ドイツ、パリなどで研究生活を送り、活躍の場を世界へと広げた。

カナダのマギル大学やイランの王立哲学アカデミーでイスラム学研究を深化させたが、イラン革命の激化でテヘランから帰国。以後は独自の哲学を日本語で著述することを決意、『意識と本質』『意味の深みへ』、さらには絶筆となる『意識の形而上学』などを次々発表した。

「その天才的な言語能力を縦横に駆使して、ギリシャ哲学、イスラーム哲学、中世ユダヤ哲学、インド哲学、老荘思想、仏教、禅までをも含めた人類の叡知を時空を超えた有機的統一体として読み解き、東洋哲学と西洋哲学の『対話』を目指した」

全集刊行にあたっての辞にある。「哲学の巫女《みこ》」と呼ばれながら早世した池田晶子さんは大学時代、

『意識と本質』に出会い、大きな衝撃を受けた一人である。『意識の形而上学』の解説「情熱の形而上学」でこう書いている。

「厳密な学問でありながら、その語りの、流れに応じて用いられる詩的形象の鮮やかさや、何よりも、その根底で脈うつ若々しい情熱、ああ、本物の学問の言葉というのは、かくも力強くあり得るものなのか。私はすっかり魅了されてしまった」

◇

私にもささやかだが、井筒さんについて衝撃の体験がある。学生時代、アテネ文庫の『マホメット』(弘文堂)を読んだ時のことだ。その復刻版が出たので改めてめくってみた。これほど躍動的な伝記はないのではないかと興奮を新たにした。

「マホメットはかつて私の青春の血潮を妖しく湧き立たせた異常な人物だ。人生の最も華かなるべき一時期を私は彼と共に過した。彼の面影は至るところ私についてまわって片時も私を放さなかった」

「自分の心臓の血が直接に流れ通わぬようなマホメット像は私には描けない。底深き天空には炎々と燃えさかる灼熱の太陽、地上には焼けただれた岩石、そして見はるかす砂また砂の広曠《こうこう》たる平原。こんな不気味な、異様な世界に、預言者マホメットは生まれたのだった」

井筒さんは青春時代、朝起きてから夜床に就くまでアラビア語を読み、アラビア語を喋り、アラビア語を教え、机に向かえば古いアラビアの詩集やコーランを繙くという日々を送ったという。天才と言われた背後には、血のにじむような努力の毎日があったのだ。

私には及びもつかない世界である。ただただ麓で仰ぎ見るだけだが、少しずつ井筒作品を読みながら、自分にできることを一生懸命やろうという思いを新たにしているのである。

（慶應義塾大学出版会）

（二〇一三年十一月九日）

目見えずとも足がある

須藤春代著『春のだいち』ほか

いまから六〇年前の一九五四年十一月、盲目の少女が一冊の詩集を出した。須藤春代『春のだいち』（岩崎書店）。日本で初めての盲人の詩集と言われ、大きな反響を呼んだ。

　　きくの花
ちいさい　はちに
うえられている　きくを
ともは　みせてくれる

そーっと　さわってみる
まあるくて　つめたい
なんだか
かわいい　こどもの　てのようだ
やさしい　ひとのこころに
ふれたような　かんじがする

「眼の見えぬ人で初めて感じ得る世界が読まれて居る。菊の花を手さぐりして赤子の手に連想する等ほんとにいじらしくもいたましい」

日銀総裁や蔵相を務めた渋沢敬三がこんな感想を寄せた。

春代は秋田県北部の小さな漁村に生まれた。産声をあげて一カ月後に「風眼」と診断され、闇の世界に閉ざされた。母からは口癖のように言われた。

「片輪をうんで恥ずかしい。お前がいるおかげで村を歩くのもいやだ。なにのばちでこんな子がうまれてきたのだろう」

ある夏の夜、海に飛び込んで死のうと思った。しかし、横で寝ている母のやさしい寝息を聞いて思いとどまった。「そんなことをしたら、かあちゃんに悲しい思いをさせるだけだ」

◇

盲学校に入った春代に大きな転機が訪れた。五二年七月、血友病で寝たきりの内田武志（一九〇九―八〇）、妹ハチ（一九一三―九八）と出会った。武志には盲人教育に不満があった。大きな苦悩を背負いながら、その訴えが少しも表面に表れないのはどうしてなのだろう。

武志は春代に「毎日一枚ずつ心の真実を打ってごらん」と数十枚の古はがきを渡した。春代はその晩から作詩を始めた。

動くと内出血を起こすのでベッドから起きあがれない武志が自由にできるのは目と口だけだった。武志に初めて会った翌日、春代は手紙を書いている。

「私は立派な足を神様から与えていただいておりながら、つまらないことで、いたずらに苦しんできたのです」

春代は積極的に意見を言うようになった。盲児を持つ母親たちに訴えた。「まっすぐで素直な美しい子供の心に芽ばえる、あれもしよう、これもしようという心の花々を、目が見えないという理由で、つぼみのうちからつまないでほしい」

実の母親には、服も着物も欲しいと言わないから、お願いを聞いて下さいと頼んだ。「幸福は金にあり」といういやしい考えを捨てて下さい。私なら「幸福は愛にあり」と叫びたい。

◇

生涯旅し、民の暮らしを記録し続けた菅江真澄（一七五四―一八二九）が今日のように知られることになったのは内田武志の功績である。そして武志による『菅江眞澄未完文献集』（二冊）や『菅江真澄遊覧記』（全五巻）、『菅江眞澄全集』（全一三巻）はハチらの献身的な協力があって初めて可能だった。

ハチらは門外不出の真澄の原本のある場所に出向き、蔵の中で電灯一つを頼りに薄紙をあてて鉛筆で写す。それを武志が読み、不明の所に印をつける。ハチらはまた何時間もかけて汽車に乗り、写し直してきた。

武志はハチが勤務する秋田大学の粗末な女子寮に身を寄せ、困難な研究に沈潜した。渋沢敬三は『菅江眞澄未完文献集』の巻頭に書いている。

「肉体的に恵まれぬ内田君が丈夫な我々以上の仕事をやり遂げた上に、春代さんを通じて深い人生に広い心眼を拡《ひろ》げられ、羨しい程の法悦にも似た喜びを感じて居られる様子を見て、心の底から有難さを感じた」

秋田県立博物館で、「菅江真澄、旅のまなざし」という展覧会が明日まで開かれている。関連行事として「五郎が語る　真澄！」というタイトルの講演を頼まれた。改めて真澄の作品を読み、武志兄妹を知り、思いがけなくも春代に出会った。

弱者への深い思い、世の不条理に立ち向かう気概、研究を究める強い意志、献身的に支える人たち。多くを学んだ。

ふと春代さんはどうしているかと思った。秋田県鹿角市で盲導犬と暮らし、鍼灸マッサージを続けていた。現役だった。電話の先から、八十歳とは思えない若々しい声が聞こえてきた。

「九九％、内田先生ご兄妹のお陰です。それにしても、いまは何だかあの頃と似ています」

（『春のだいち』岩崎書店）

（二〇一四年十一月八日）

立ち上がれなくていい

塚本哲也著

『我が家の昭和平成史——がん医師とその妻、ピアニストと新聞記者の四重奏』

人には誰も生涯忘れ得ぬ光景があるだろう。評論家犬養道子さんにとって、次の思い出はまぎれもなくそのひとつだった。

一九七一年、犬養さんはフランスからドイツのボンに移り住んだ。ほどなくして一六年間ともに暮らしたゴールデンレトリバーが死んだ。大家は「ゴミ捨て場に持って行って焼いてしまおう」と言う。

そのとき近所に住んでいる塚本哲也・ルリ子夫妻がいかにも旅行に出かけるいでたちでスーツケースを持ってやってきた。二人はねんごろに犬を包んでスーツケースに入れ、渡し舟でライン川を渡った。

対岸には初代西独首相アデナウアーの邸宅があり、すぐそばに小さな修道院があった。その庭の一隅を借り、シャベルで穴を掘って老犬を埋葬した。

このあと夫妻はラインの流れを見はるかす丘の上の、静かなレストランに案内した。そしてわざとらしい慰めなど言わず、「フランスのワインとドイツのビールの交じり合うラインラント」の風物を話題にした。

私はこの場所に行ったことはない。しかし、ルリ子さんを偲んだ犬養さんの追悼文を読んでいると、鮮やかにその光景が浮かんでくる。

◇

最晩年、ルリ子さんは襲いくる痛みと闘いながら犬養さんに電話でこう話したという。

「痛くて動けないというのはよいことだと思えるように、神様がいたわってくださっているの。だって、動けないときには邪魔ものを入れずに、神様と沢山おはなしできるから」

『毎日新聞』でウィーンやボンの特派員をし、防衛大教授、東洋英和女学院大学長を務めた塚本哲也さんの妻のピアニスト・ルリ子さんは、九九年、脳出血で倒れた。三年後には塚本さんも脳出血に見舞われ、二人は群馬県榛名の老人ホームに移った。しかし、二年も住むことなく、ルリ子さんは昇天した。

その塚本さんが義父の元国立がんセンター総長、塚本憲甫さんはじめ一家四人について書いた『我が家の昭和平成史』(文藝春秋企画出版部)を自費出版した。上下二段組みで二冊、合わせて一〇五六ページにのぼる。

うれしくなり、老人ホームを訪ねた。塚本さんはベッドから動けない状態だった。それなのにどうしてあれだけの大冊を書けたのだろう。塚本さんは左手の人さし指を見せた。そう、人さし指一本で、記憶だけを頼りに書いたというのだ。その超人的な努力に脱帽してしまった。

◇

この本は多くのことを教えてくれる。現場を直視することがジャーナリストの基本であるということもそのひとつ。日本国内では社会主義を理想化し、美化する知識人が多かった。しかし、東欧各国を取材してみるとまったく逆の考えになる。

塚本さんは「暗い社会主義の実情を見て、私はこの目で民主主義、資本主義の優位と美点を知った。ソ連・東欧圏の崩壊は、日本の知識人の幻想の崩壊でもあった」と思うのである。

人間にとって何が大切か。印象深いエピソードがいくつも綴られている。第一回ノーベル賞を受賞したレントゲン博士は賞金全額を大学に寄贈し、貴族の称号も断った。塚本さんは博士の娘さんを取材した。八十歳をとうに超え、養老院にいたドンゲス夫人はこう語るのだった。

「父は自分自身にも私にも何一つ残さなかった。それだから、私は感謝しているのです。私にみずからを捨てて人間のために生きるという人生の生き方を身をもって教えました」

哲也・ルリ子夫妻は深い情愛で結ばれていた。犬養さんから「友達夫婦」「兄妹夫婦」と呼ばれたほどである。それだけにルリ子さんの死は立ち上がれないほどの打撃を与えた。

多くの知人に「早く立ち上がってください。奥様が心配しますよ。そうでないと奥様が安心して天国にいられませんよ」と激励された。

そのとき、聖イグナチオ教会の松本紘一主任司祭は打ちひしがれている塚本さんにこう言った。

「立ち上がれなくてもいいではないですか。悲しめるだけ悲しんでやって……」

塚本さんにとって大きな啓示だった。悲しみに沈むことは人間的なことであり、強がりは不自然だと思った。司祭の言葉がかえって生きる力になった。

私は幸いにもそれほどの深い悲しみを経験していない。でも塚本さん、あなたは幸せなんですよ。多くの人たちがあなたのことをこれだけ深く思ってくれているじゃないですか。

（文藝春秋企画出版部、三七〇四円）

（二〇一六年六月十一日）

「巨峰」取り巻く「山脈」

粕谷一希著

『内藤湖南への旅』

内藤湖南の弟子、神田喜一郎が『敦煌学五十年』で語る師をめぐるエピソードは、一人の学者のすごさを物語って余りある。

「内藤先生は講義や講演に、決して原稿を携へて来られなかつた。どうかすると、小さなメモらしい一枚の紙片を持って見えることがあったが、それも極く稀であった。原稿は、つまり先生の頭脳の中に蔵《しま》はれてあった」

その湖南の人間と学問、生きた時代の精神と学者の群像を郷愁と畏敬の念を込めて描いている。湖南の「巨峰」たる所以はどこにあるか。それは「古代から清朝衰亡までの全体を実感をもって押さえただけでなく、有史以来の歴史意識の発生と発展の過程を丹念に辿るという壮挙を成し遂げた歴史家だった」からだ。

この本の魅力を倍加させているのは、京都大学史学科を中心とした「巨峰」を取り巻く「山脈《やまなみ》」を一望していることである。狩野直喜、桑原隲蔵《じつぞう》、小島《おじま》祐馬、宮崎市定、吉川幸次郎ら中国史家はもちろん、鈴木成高、今西錦司、梅棹忠夫、石田英一郎、上山春平、坂本多加雄まで縦横に論じ、さながら精神史研究の趣がある。

学問の豊饒さを描くことは、自らの精神史、「来歴」を旅することでもあったのだろう。自身の歴史観も随所で吐露されている。

「大東亜戦争は暴挙であったが、愚挙ではない。（中略）それぞれの国が意味の争奪戦を演じたのであり、日本がもう少し賢明さをもてば、もう少し増しな役割を演じられたかもしれない」

編集者であり、本を愛するがゆえの記述も随所にある。湖南が途方もない「書痴《しょち》」であったとして、「書痴」の要件を挙げている。欲しい本がどこで買えるかの嗅覚がある。本は読むものでなく持つものである。本は友人であり、不断に対話する存在である……。

触発され、『内藤湖南全集』(全一四巻)『石田英一郎全集』(全八巻)『貝塚茂樹著作集』(全一〇巻)を古本屋で買ってしまった。

(藤原書店、二八〇〇円)

(二〇一一年十二月四日)

男女とも「一身独立」

西澤直子著

『福澤諭吉と女性』

「男も人なり女も人なり」。福澤諭吉は男女に軽重はなく同等であること、男が欠けても女が欠けてもこの世は一日たりとも成り立たないことをひたすら説いた。

時は明治の時代である。今なお、帰宅時には「三つ指」をついて待っていることを期待し、夢想してしまう評者からすれば、驚嘆すべき開明性である。女性論を導きに、福澤の思想の根本にあるものと時代との格闘を見事に解明している。

生涯最後の女性論となった「女大学評論」「新女大学」の脱稿直後、福澤は脳溢血に襲われた。一時は妻の名さえ忘れる状態だった。重篤な容体を脱しはじめたころ、「半醒半眠」の中でしきりにうわごとで出てきたのは「女道論」だった。

福澤の標的は貝原益軒の著作として世間に流布していた『女大学』だった。嫁ぐまでは父、嫁いだ後は夫、老いては息子に従うべきという「三従」の教えなどを説いた『女大学』を俎上に乗せた。なぜ激烈、執拗なまでに批判し続けたのか。

日本が近代化を進めるためには、男女がともに「一身独立」し、愛と敬と恕《じょ》によって互いに結びつき、対等な関係を築かなければならないと思ったからだ。福澤の主張は主流にはなり得なかったが、それにしても一四〇年以上前にどうしてこうも開かれた考えを持ち得たのか。

ミルの『女性の隷従』などの著作や三度にわたる海外渡航の影響はつとに指摘されている。著者はこれに加えて、間近で見た母の生き方や苦労、士族女性が置かれた現実などが強く影響したとみる。極めて説得力がある。評者自身にとっても長年の疑問が氷解する思いである。

福澤が唱え続けた女性論と日常生活に乖離はなかったのか。子や孫からも「旧式なおばあ様」のイメージを持たれた錦《きん》夫人はそんなに守旧的だったのか。興味尽きない論点が明快に解説されている。福澤の時代から私たちは変わったのか。そんなことも考えさせられる書である。

（慶應義塾大学出版会、二五〇〇円）

（二〇一三年二月十九日）

牧 久著『不屈の春雷――十河信二とその時代 上・下』

あきらめず新幹線実現

東海道新幹線が開通して今年で五〇年。計画時には「戦艦大和、万里の長城、ピラミッドという〝世界三大バカ〟に並ぶ愚挙」とまで酷評されながら、夢を追い続け、ついに実現させた男の物語である。七十一歳の高齢で第四代国鉄総裁となった十河《そごう》信二。尊敬する師、後藤新平の「理想主義」だけでは夢が実現できない。「力」が必要だと、自らの中に「正直と権謀」を共棲させ、まっしぐらに時代を生きた。

だからこそ幾多の挫折を経て新幹線は実現した。しかし、「新幹線生みの親」は十月一日早朝の新幹線出発式に招かれなかった。総裁を退いて一年半。2DKのアパートで寂しくわが子の旅立ちをテレビで見ざるを得なかった。

満鉄理事、興中公司社長として「満州国」に深く関わる。そこにも悲劇が待ち構えていた。十河ら「満州派」は「満州」と「中国」を明確に区別し、満州で「五族協和・王道楽土」を実現しようとし、「中国とは絶対に戦ってはいけない」と体を張って主張した。しかし、彼らの思いは次々と潰されていった。

この書は十河信二という破天荒なまでの人間と時代を、徹底した資料探索と実地調査によって見事に描き切っている。後藤新平、森恪《かく》、吉田茂、石原莞爾《かんじ》、仙石貢、種田虎雄、浅原健三……。十河の人生に深く関わった人々のいずれの描写も血が通っている。

「有法子」（決してあきらめない）を生涯の信条として挑戦し続けた十河。鉄道省課長のとき、社会に旅立つ旧制西条中学の恩師の子息への処世訓を求められ、こう話したという。それはまた十河の九七年の生涯をも表現している。

「実社会は妥協の産物であるから、真理や理想は曲げられるのも止むを得ない、などというのは、愛国心のない薄志弱行のともがらの迷言である。（中略）広く先人の教えを学び、深く良心の鏡に写し、考えて見て正しいと思うことを勇気を出して実行しなければならない」

（ウェッジ、各一八〇〇円）

（二〇一四年二月九日）

学者の妻の理想型

井筒豊子著

『井筒俊彦の学問遍路――同行二人半』

日本が生んだ最高の知性とも言うべきイスラム学の井筒俊彦が亡くなってまもなく二五年。作家司馬遼太郎をして「二〇人ぐらいの天才が一人になっている」と言わしめた碩学は一体どのような日常を送ったのか。どんな学者との交流があったのか。知りたくなるのは当然である。

井筒は一九五九年から二年間、ロックフェラー財団の奨学生として世界各地で研究生活を送った。その後カナダのマギル大学やイラン王立哲学アカデミーなどで研究を重ねた。幾多の研究者との交流を深めたことが常に側近《そばちか》くにいた豊子夫人の記述からも十分すぎるほどわかる。

井筒をマギル大学に招聘した世界的な宗教学者ウィルフレッド・キャントウェル・スミスとは、八六年に行われた天理大学主催の国際シンポジウムで互いに講演者として再会を果たす。その時の模様を夫人はこう書いている。

「私はこのときのスミスさんと交わす井筒の喜びの顔を見て、心を打たれました。こんなにうれしい顔を、井筒は一度も見せたことはありませんでした」。このときの写真が本書にも載っている。井筒の「心からの破顔一笑」の写真がすべてを物語っているように思う。

アラビア人文学に関する翻訳書もある豊子夫人は夫亡きあと、井筒の全作品を読み直すことを日課としたという。それゆえ本書自体が井筒哲学の最良の解説書になっているように思われる。井筒はなぜ世界各国の言語を一生懸命追い求めたのか。それは一つの言語には一つの文化があるということ、地理的風土的条件よりも、むしろ言語こそが人間文化の、そして人間意識の構成要素に他ならないと考えたからだ。

豊子夫人に「学者の妻」の理想型を見る思いがする。だからこそ次の文章には胸突かれる。「井筒は本当には私のことはわからなかったし、私も、井筒が亡くなってから何となく井筒がわかってきたというところがありまして、二人とも無我夢中で四十年を駆け抜けた気がします」。

（慶應義塾大学出版会、四〇〇〇円）

（二〇一七年十月二十九日）

心の内奥見抜く怖さ

星野博美著『今日はヒョウ柄を着る日』

星野博美は怖い人である。猫を愛し、ユーモアがあり、一見おおらかそうだ。しかし、病巣の正体を正確に突き止める内視鏡にも似て、人の心の内奥をたちまち見抜いてしまう。

コーヒーショップに集まった女性、男性、男女混合の各グループ。一見楽しそうだが、超能力？の持ち主の彼女には呪詛や威嚇、甘え、牽制、詐欺などが渦巻いているのがわかるのだ。

ヒョウ柄を身に着けたおばちゃん分析は秀逸である。なぜヒョウ柄なのか。「自らを大きく見せて戦いを有利に運ぼうとする行為、つまり『武装』なのではないか」。それはヒョウでなければならぬ。ライオンには柄がない。虎は微妙だ。阪神タイガースファンに間違われるし、阪神はあまり強くない。狼も柄がない。

母親の持ち物を調べる。ヒョウ柄のスカーフにヒョウ柄の傘、そしてシマウマ柄のシャツ。まずはシマウマから入り、次第にスカーフや傘といった小物にヒョウを取り入れていく。風呂から出てきた父を見るとラクダのシャツを着ているではないか。三枚のセーターには仔犬の刺繍がある。働き者のラクダの魂を持ち、仔犬を愛でる父とヒョウへと進化を遂げつつある母。二人の上下関係は一目瞭然である。

彼女が八歳の時に祖父が亡くなった。その前日は夕焼けが出てカラスが鳴いていた。本当にそうだったのか。母や二人の姉に聞いたが、はっきりしない。みな祖父が死ぬのを知っていたのに、自分は知らなかった。しかし、不吉なカラスが鳴き、気味の悪い夕焼けが出ていたと覚えているのは、祖父が死ぬ前、一瞬にせよ、祖父の死を察知した証人として必要だったのではないか。このあたりの描写にはすごみがある。

「無人島に本を一冊持って行くとしたら、どんな本を選びますか?」「最後の晩餐に食べたいものは何ですか?」。よくある問いがいかにナンセンスか。完膚なきまでにやっつける小気味よさもこのエッセーの魅力である。

（岩波書店、一四〇〇円）

（二〇一七年八月二十日）

父はいかにあるべきか

阿川佐和子著
『強父論』ほか

拝啓　阿川佐和子様

『強父論』（文藝春秋）を実におもしろく拝見しました。読みながら思い出した光景があります。小渕恵三元首相の長女暁子さんの『父のぬくもり』（扶桑社）にある一場面です。

小渕さんが倒れる数日前、暁子さんは首相公邸の寝室で、父母と三人でベッドの上に座りながら話をしていました。そのときお父さんのパジャマのズボンの裾からふくらはぎが見えたのです。暁子さんは思いました。

「ああパパの足って私の足に　そっくり
形も爪もなんか似てる
なんて思いながらほんの少ししあわせな気分になっていた」

佐和子さんもお父さんの幅広甲高の足に似ていると言われたそうですね。でも、それは佐和子さんにとっては絶望的なことでした。

「ある日、お手洗いに入り、便器に腰をおろし、さりげなく自分の足下に目を向けたときである。

お父ちゃんの足とそっくりだ……。

発見したのである。そのときのショックを忘れることはできない。性格はともあれ、すがたかたちは父と似ていないと、それだけをよすがに生きてきたつもりだったのに、足の先まで父に似ていたと自覚したとき、救いがなくなった」

◇

あまりに対照的ですが、高名な作家であるお父さん阿川弘之さんの〝暴君〟ぶりには驚かされました。『強父論』を読んでいない人のためご紹介します。

――佐和子さんが幼稚園か小学校のときである。娘の誕生祝いに父は中華料理屋でごちそうしてくれた。食事が終わって外へ出た瞬間、ビュイーンと冷たい北風が吹いてきた。佐和子さんは思わず叫んだ。

「うわ、寒い!」

そのとき、父は振りかえって怒鳴った。

「今日はお前の誕生日だから、わざわざ飯を食いにきて、ごちそうしてやったんじゃないか。本来なら『お父さん、ごちそうさまでした。おいしかったです』と言うべきだろう。店を出たとたん、寒いとはなんだ、寒いとは! それが飯をごちそうになった親に吐く言葉か!」

――父が「うるさい! 静かにしろ!」と怒鳴る。え、静かにしているつもりなのにとキョトンとしていると、「お前たちがそこにいるという、気配がうるさい!」。母は幼い兄妹を連れて外に出ざるを得なかった。

作家とは難しいですね。井上靖さんはとても子どもに優しい温和な人と思っていましたが、次女黒田佳子さんの『父・井上靖の一期一会』（潮出版社）によると、機嫌が悪いと食事の載っているちゃぶ台をひっくり返したこともあるそうです。

それにしても佐和子さんはそんなお父さんによく仕えましたね。きつねうどんやかつお節ご飯をつくって病院に持参し、病室ではすき焼きまでつくってあげました。亡くなる前夜には、おならが出るようにとお腹もさすってあげました。ハワイのホテルの浴室でお父さんのパンツを洗う場面など、私は涙が出て仕方がありませんでした。

◇

佐和子さん、よくぞグレませんでした。そもそも耐える力があったからでしょうが、ユーモアのあることが大きいと思います。『強父論』はユーモアにあふれ、父の抑圧に耐えている自分を見事戯画化しています。

もうひとつの理由をお父さんが書いた『亡き母や』（講談社）を読んで発見しました。父母が米国に留学するため、二歳の佐和子さんと四歳の尚之さんは広島の伯父伯母の家に預けられます。伯母さんが語っています。

「妹佐和子の方がとりわけ気性が烈しく、半分づつ仲よく食べるんですよと食ひ物を与へても、『ハンブいや、デンブデンブ』とわめき散らす、匙でテーブルを叩く、泣き出す……伯母にばかりへばりついて甘えに甘えてゐるとのことであった」

なんだかお父さんに似ています。強さにおいて父娘は相似形ではなかったのか。『強父論』は一見父親批判に見えますが、本当は「父を恋うる詩《うた》」ではないのか。全く揺らぐことなく関白であり続けた父を本当は愛していたのではないかと思うのです。違いますか。

佐和子さんは自分は死ぬまで強烈な父の呪縛から抜けられないと書かれていますが、この本は呪縛から解放されようとする試みなのかもしれませんね。二人の娘を持つ父親として父と娘との関係はいかにあるべきかを深く考えさせられました。

（『強父論』文藝春秋、一三〇〇円）

（二〇一六年九月十日）

敗れてこそ見えるもの

門田隆将著
『敗れても敗れても
――東大野球部「百年」の奮戦』

東京都文京区にある東京大学野球部の「一誠寮」には寮名が書かれた額が掛けられている。東大野球部初代部長長与又郎《またお》が揮毫したこの額の「誠」には右側の「ノ」がない。後に東大総長となる長与はこう野球部員に檄を飛ばしたという。

「最後の『ノ』は君たちが優勝したときに入れるんだ」

しかし、これまで東京六大学リーグで一度も優勝することなく、「ノ」が書き加えられることはなかった。

二五三勝一六一八敗、五五引き分け。勝率一割三分五厘（二〇一七年秋季リーグ終了時点）。一九一九年に創部され、来年で一〇〇周年を迎える東大野球部の戦績である。九四連敗という前人未到?!の記録も残している。

しかし、最難関の大学であるがゆえに、まるで〝常敗〟が運命づけられているかのようなその歴史は、さまざまなことを教えてくれる。学生スポーツの神髄とは何なのか。彼らは敗北から一体何を学んだのか。

先月末に出版された門田隆将『敗れても敗れても――東大野球部「百年」の奮戦』（中央公論新社）は、東大野球部一〇〇年の意味を見事に浮かび上がらせている。それは一球一球に精魂込める投手のように、一打一打を決してゆるがせにしない打者のように気迫に満ちている。

◇

一九九一年から六年間、東大監督を務めた平野裕一は「とにかく遠くへ飛ばせ」と口酸っぱく指導した。東大の場合なかなかスコアリングポジションにランナーを進められないし、進めても相手ピッチャーが厳しい球を投げてくるから打てない。

ならば、ツーアウト一塁で、相手投手がまだ油断しているうちに打つしかない。遠くへ飛ばさなければ点が入らないのだ。そのために平野は個人ごとにメニューをつくってトレーニングをさせたという。

二〇一三年から指揮をとる浜田一志監督は「四対三で勝つ野球」を目指した。一試合を通して三点で抑える。そのためには序盤で一点やるところは一点やる。従って練習はいかに三点以内に抑えるかという守備と、いかに四点をとるかという攻撃をイメージすることになる。

通算一七勝の東大野球部史上不滅の記録を残した岡村甫《はじめ》はコーチ竹田晃の指示で日立製作所監督蒲池信二の指導を受けた。「インコースにいいストレートを毎日二〇〇球投げ込め」という蒲池の練習法を岡村は忠実に守り、実を結ぶことになる。

岡村はインコースのボール以外に、今ではスプリットと呼ばれる沈む球を工夫し、内野手が捕りやすいゴロを打たせた。そしてどんなゴロになるかまで計算できるほどの「打たせてとるピッチャー」になったという。そこには敗れ続けている者にしかわからない創意工夫と努力があった。

それにしても負け続けるとはどういうことか。連敗脱出のため、もがきにもがく東大野球部を門田さんはこう例えている。

「それは、逃れられないクモの巣にからめとられ、ただ餌食となるのを待つ哀れな虫のようなものだったかもしれない」

◇

それでも夢があった。岡村は「東大野球部の優勝は〝夢〟です。夢がたとえ実現しなくても、その夢に向かっていけばいいいんじゃないか」と言う。東大野球部からロッテ入りした小林至の言葉には深い共感を覚える。

「東大野球部というのは、野球が大好きで、そんなにうまくない子が大舞台に立てるチャンスをくれる場所だと思います。神さまからの贈り物なんです」

東大野球部員は沖縄キャンプを張るようになった三年前から欠かさず糸満市摩文仁《まぶに》の平和祈念公園内にある「島守の塔」を参拝している。

ここには東大野球部OBで官選最後の沖縄県知事を務め、沖縄戦で覚悟の最期を遂げた島田叡《あきら》が祭られている。島田は数々の苦難に遭遇しながら沖縄県民の疎開を進め、二〇万人におよぶ県民の命を救った。自らは摩文仁の露と消えたが、今も「戦場の知事」「島守」と呼ばれ、沖縄の人たちに慕われている。

「島守の塔」に参拝をするのは、島田から「覚悟」を学ぶためだと中西正樹助監督は言う。

「島田さんは本当に生と死がどうにかなる立場にいて、覚悟をもっていろいろな決断をされたからです」

島田が東大野球部を卒部したのはもう九三年前のことである。しかし、門田さんが言うように、島田は東大野球部にとって決して「過去の存在」ではなく、今も生きた先輩なのである。

(中央公論新社、一六〇〇円)

(二〇一八年六月九日)

認知症「自己発見の旅」

生井久美子著『ルポ　希望の人びと――ここまできた認知症の当事者発信』

有吉佐和子の衝撃の小説『恍惚の人』が出版されてから四五年。名称が「痴呆」から「認知症」になって一〇年余。いまや認知症は予備軍も含めて八〇〇万人を超えている。

認知症になったら何もわからなくなる。人生はおしまいになる。その「偏見」を打ち破ろうと、本人たちが発信を始めた。その歩みを二〇年以上にわたって取材してきた著者の視点は、家族や医療・介護する側ではなく、本人の視点に立てば何が見えてくるかだった。

「認知症になることは自己崩壊だと恐れたが、自己発見の旅だった。……地位や名誉、野心、いろんなものがそぎ落とされ、本来の自分になってゆく旅路なのだ」

「人生は終わりではない。失った機能を嘆くのではなく、残された機能に感謝して最大限に生かそう」

「これから多くの人の顔を忘れてしまうかもしれない。でもみんなが自分のことを忘れないでいてくれる。だから忘れたっていいじゃない」

本人たちの言葉から見えてくるのは「希望」だった。とはいえ、そう思える意志の強い人は多くはない。どうすればいいのか。豪州やカナダまで足を運ぶ著者にとってそれを探す旅でもあった。部屋に花を絶やさない。笑う。歩く。「信頼できる依存先」を多く持つ。

何よりも大切なのは「当事者の発信が社会を変える」という本人の発信の力だという。この書でもっとも感銘を受けたのは、著者の辛い立場の人たちへの限りない優しさである。この「希望の書」には、哲学的とも思える表現が随所にある。

「人は死に向かって生きている。出会いがあれば別れがある。そして死の前に認知症もある。しょうがない、避けがたいことがおきるのが人の定めだ。認知症の苦悩は、生きていればぶつかることの一つなのだ。当事者の発信する姿に胸打たれ追い続けるのは、それが認知症を越えて、人としてどう生きるか、本質的な問いかけや言葉だからだ」

（朝日選書、一五〇〇円）

（二〇一七年三月十九日）

花も実もある法廷世界

原田國男著『裁判の非情と人情』

被告人の妻への証人尋問を終えるにあたって、ふと誰も尋ねていないある事柄に気づいた。裁判長は妻に「被告人が刑を終えて出所するときまで被告人を待つか」と尋ねた。妻は「待つ」とはっきり証言した。

　証人尋問後、被告人から手紙が来た。自分は何度も妻と接見したが恐ろしくて聞けなかった。妻が待つといってくれ感謝すると。被告人は必ず妻の力で立ち直ると感じたが、原田國男裁判長は反省する。もし「待たない」と答えたら、被告人には地獄だったろう。あまり考えずに尋問するものではないのかもしれない。

　刑事裁判では判決の言い渡しの後に「訓戒」することができる。原田裁判官も若い頃は一生懸命、訓戒した。しかし、いくら訓戒しても犯罪を繰り返す人間は繰り返す。単なる自己満足にすぎないと思うようになった。でも考えを改める。一〇〇人のうち一人でも再犯を思いとどまれば大きな価値があるのではないか。

　この書には、峻厳なるイメージの裁判とは対極の、迷い、逡巡する人間味あふれる世界がある。花も実もある裁判論なのである。

　原田さんは大きな事件の公判の前日には、『海鳴り』や『玄鳥』など藤沢周平作品を読んだという。心が浄化され、落ち着いた心境になるからだ。理屈だけの薄っぺらな裁判官になってはいけないと思ったからだ。

　原田裁判官は二〇件以上の無罪判決を出した。その中で真っ白と思った例は少ない。「灰色無罪」なのだ。けしからんと思う人がいるかもしれない。しかし、刑事裁判に求められているのは、白か黒かの判断ではなく黒と判定できるかどうかなのだ。

冤罪防止のための「三本の矢」の提案もそうだが、実にわかりやすく説いてくれている。今は亡き夏樹静子さんに『量刑』という小説がある。判決の決定プロセスを描きながら、人が人を裁くとはどういうことかを深く考えさせる傑作である。本書と併せ読むのもいいのかもしれない。

（岩波新書、七六〇円）

（二〇一七年四月十六日）

文学の力

全存在かけて人々救う

梓澤要著『捨ててこそ空也』

コーン、コーン、コーン。

木枯らしが吹きすさぶ京の町辻を金鼓《こんく》の音が流れていく。十一面観音像を乗せた荷車を弟子が引き、落ちくぼんだ眼窩、削げた頬の空也が金鼓を打ち鳴らし、ひたすら念仏を唱えながら歩いている。

「阿弥陀聖」「市聖《いちのひじり》」とも呼ばれた空也上人。醍醐天皇の皇子に生まれながら、父に疎まれ、帝の寵愛を失って錯乱する母に虐待され左肘が折れ曲がってしまう。行き倒れの死骸を荼毘にふしている集団に出会って衝撃を受け、身分を捨てることを決意する。

天災、飢饉、疫病が襲い、盗賊が跋扈する平安の世。空也は播磨国で孤独に耐えながら一切経を耽読、自らが進むべき念仏の道を見出す。絶海の孤島で苦行を重ね、東国で布教の旅を続け、全存在をかけて苦しむ人を救おうとする。

この小説は、数々の仏典を実にわかりやすく説明しながら、空也の精神的遍歴をたどっていく。仏教への深い理解がなければ決して書き得なかった作品だろう。

空也自身が三井寺の千観《せんかん》という僧に答える場面がある。「道理、善悪、知識、それらはすべて我欲。往生を願う心も、悟りを求める心も、おのれを縛る執心も捨てねば、おのれを捨てることなどできませぬ」。悟りとは「何もかも、捨ててこそ」可能なのだ。

私にとっては、空也が「捨ててこそ」にたどり着くまでの道程とともに印象深かったのは、四〇有余年行動をともにする頑魯《がんろ》の存在だ。少しばかり知恵が足りないのか、動作も鈍く、誰からも馬鹿にされている若者だった。しかし、その頑魯にこそ、山にも水にも空にも仏を感じる心があることを空也は知るのである。

真の「仏」とはひたすら誰かのために生きるところにあるのかもしれないと思わずにいられなくなる。多くのことを教えてくれ、自らの日常を振り返らざるを得なくなる小説である。

（新潮社、二〇〇〇円）

（二〇一三年十一月十日）

惚れ惚れする御殿様

浅田次郎著

『一 路 上・下』

痛快な、実に痛快な小説である。時は尊皇攘夷で騒然たる十四代将軍家茂の治世。小野寺一路《いちろ》は父の不慮の死を受け、数え年十九歳の若さで参勤交代の御供頭《おともがしら》の大役を担う。西美濃田名部郡《たなぶごおり》から江戸までの中山道をどう差配するか。

追いつめられた一路に一条の光を与えたのが二百数十年前の家伝の『元和《げんな》辛酉《かのととり》歳《のとし》蒔坂《まいさか》左京大《さきょうのだい》夫《ぶ》様行軍録』。「参勤道中は江戸見参の行軍。古式に則った設《しつら》い。蒔坂左京大夫と田名部百人衆の武威を世々に知らしめん」という意気込みで艱難辛苦を乗り越えていく。

そもそも参勤交代とは何か。一朝ことがあるときに軍兵を率いて馳せ参ずるためではなかったのか。繰り返しの果てに武士の魂は失われてしまった。古式を尊ぶ一路の挑戦は自ずと制度の始原にあるものを問うことになる。

蒔坂左京大夫は知行七千五百石。「交代寄合《こうたいよりあい》」という特別な旗本だが、かねて「うつけ」の噂がある。しかし、参勤交代が歩みを始めると俄然主人公になる。御殿様の要件は何か。「帝王学」の神髄さえ教えてくれるのである。

白眉は、御殿様が一服盛られそうになる場面だ。毒味をしようとする一路と、医師が処方する眠り薬の毒味など聞いたことがないと抵抗する良軒の双方に、御殿様は言う。

どちらも忠義の心から出たのだから斥けるわけにゆかぬ。「おのおのの忠心を嘉《よみ》するための手立てはひとつきりじゃ。余と小野寺が同時に良軒の調合した眠り薬を嚥《の》めばよい。さすれば余は、鬩《せめ》ぎ合う忠義の心を、ふたつながら裏切らずにすむ……邪心ありて余が死するにしろ、忠心を疑うて生き延びるよりは上策であろう」

なんという御殿様なのだろう。己が分限をわきまえ、臣下を、民を思いやる気持ち、「慈悲の心」こそが大切なのだ。家茂が一万石に加増しようとするのを断るせりふは惚れ惚れする。決して昔の話ではない、今のリーダーにも当てはまるなどと無粋なことを思ってしまうのだ。

（中央公論新社、各一六〇〇円）

（二〇一三年四月二十八日）

清冽さと酷薄非情さ

武内涼著

『駒姫――三条河原異聞』

文禄四年（一五九五年）七月十五日、関白秀次は叔父の太閤秀吉に謀反の罪を着せられ、高野山で自刃した。正室一の台はじめ側室やその子ら三九人は三条河原で刑場の露と消えようとしていた。その中に山形一九万石の太守最上義光の最愛の娘、駒姫もいた。東国一の美女の誉れ高い十五歳の駒姫は、みちのくの戦乱鎮定に赴いた秀次に見初められ側室に望まれた。秀吉の怒りを恐れた義光は受け入れざるを得なかった。

しかし、駒姫が秀次のいる聚楽第に嫁したのは自刃十二日前、未だ秀次に会っていなかった。なぜ斬られなければいけないのか。駒姫を助けるべく、羽州一の知恵者らが救出作戦を展開する。秀吉の侍医や正室北政所、秀吉最大のライバル家康などに接触、一縷の望みを託す。そして最後は究極のキーパーソンで起死回生の一打を……。果たして駒姫は救えるのか。

手に汗握るとはこのことだろう。最近読んだ時代小説の中で最も良質である。その所以は、息をもつかせぬ運びに加えて、権力者秀吉の止めどない猜疑心と酷薄非情な権力行使の背後にある心理を容赦なく描いているからだ。

秀吉は、逆らえば斬られるという圧倒的な恐怖を諸大名に与えれば、自分の死後も淀君とお拾《ひろい》（秀頼）は天下を治めていけると思案した。そのためには秀次の重臣はもちろん、家族も処刑しなければならない。処刑は天下の耳目の集まる、諸大名の屋敷が立ち並び、寺社の本山が集中する場所でなければならないと考えた。

秀吉は、侍医の稚児が茶々（淀君）をちらりと見ただけで、「茶々を目で犯しておった」として侍医に命ずる。「屋敷にもどったら、舌を抜き、一物を切り落とし、頭の上に並べよ。……花笠のようにしてやれ。その後で首を叩き落とせ。――よいな？」

それだけに、図式的と言われようが、従容として刑に臨む駒姫の凜とした清冽さと、最上義光の民を思う慈悲深さが印象に残るのである。

（新潮社、一八〇〇円）

（二〇一七年二月十九日）

辛抱と慈愛の女性

西條奈加著『九十九藤』

私が時代小説をこよなく愛するのは、そこには時代を超えた人情があり、生きるとは何かを考えさせてくれるからです。この小説からも多くのことを学びました。

江戸の人材派遣業、口入屋《くちいれや》の女将お藤は「商いは人で決まる」という信念のもとに、次から次へと工夫を重ねます。今風に言うビジネスモデルです。中間《ちゅうげん》の派遣先を武家から商家に替えます。安く雇える素人を無償で寝泊まりさせて指南し、指南期間を徐々に縮めていきます。

派遣する寄子には「店の看板はお前たち自身です」と誇りを持たせ、小さな不満をため込まないようにします。仕事とは各々が日々の役目を通して己を磨くことと信じて疑わないお藤は、人生は「葛藤《つづらふじ》」（九十九《つづら》藤）だと思うのです。葛藤の蔓のように幾重にも曲がった道のことだと思い当たるのです。

商家に切り替えたことで降りかかる組合からの圧力に敢然と立ち向かい、打ち壊しにあって店が木っ端みじんになっても屈せず、一晩で三店を元通りにしてみせるお藤。そこには新しい時代を切り開く女性経営者の姿があります。

十四歳で女衒《ぜげん》の手で売られそうになったお藤を助けてくれた武士に一三年ぶりに邂逅します。命の恩人は江戸の中間たちの頂点にいて「黒羽の百蔵」と言われていました。お藤の胸は、単に恩人に会ったというだけでなく高まります。

しかし、彼には親の無念を晴らすという大望がありました。元主家の家老を討ち取った百蔵は死罪となって小塚原の刑場の露と消えます。ああ、これでは寂しすぎると思って読み進むと、天（作者）は決して読者を見放しません。まったく意外な展開が待っているのです。

読み終わって私には、お藤さんの姿がくっきりと浮かびます。顔はあくまでも理知的で和服をきりりと着こなし、決して荒らげた物言いはしません。人を信じて待ち続ける辛抱強さがあり、時折見せる笑顔は慈愛に満ちています。

（集英社、一五〇〇円）

（二〇一六年四月十日）

一切の見返りを求めぬ生き方

葉室麟著

『玄鳥さりて』

「わが望みは大切なる友を守ることです」。このように言い切り、一切の見返りを求めず生涯を貫くことは可能だろうか。三浦圭吾は十三歳の時、八歳年上の樋口六郎兵衛の稽古を受け、深く信奉する。風采はあがらないが、あたかも燕（玄鳥《げんちょう》）のごとくひらりひらりと飛ぶような長大な剣を使う六郎兵衛は圭吾にやさしくする。友だと思っているからだ。が、実は深い事情があることが明らかになる。

「鬼砕き」の必殺剣を編み出した六郎兵衛だが、一〇年の遠島処分を受けるなど不遇な日々を送る。一方、圭吾は主君や二人の家老の激しい権力闘争の渦に巻き込まれながら次第に権勢欲を強めていく。六郎兵衛を刺客として利用することさえも厭わなくなる。

それでも六郎兵衛は友の危うき時に剣を使うことをためらわない。圭吾は絶体絶命に陥り、ようやく自分を取り戻す。どれほど悲運に落ちようとも人を恨まず、闇の奥底でも輝きを失わない六郎兵衛の生き方を思ったからだ。

物語は最後に予想外の展開をする。昨年十二月急逝された著者の遺作は、いかに生きるかを深く考えさせずにおかない。

（新潮社、一五〇〇円）

（二〇一八年二月二十五日）

誠実であり続ける大切さ

浅田次郎著
『大名倒産　上・下』

越後丹生山松平家三万石。二六〇年もの長きに積もり積もった借財はなんと二五万両。利息の支払いだけで年に三万両。しかるに収入は一万両。どうしたらいいのか。ある時は百姓与作、ある時は茶人一狐斎、またある時は職人左前甚五郎や板前長七を演じる第十二代当主御隠居様が策をめぐらせたのが、二五万両をチャラにする大胆不敵な「大名倒産」に他ならなかった。

返すべき金はビタ一文返さず、計画倒産の暁に藩士に還元するため、せっせと金銀を貯め込む。さすれば業を煮やした幕府が領知不行き届きで「改易」を迫るだろうという筋書きだ。

これに抗したのが四男小四郎。嫡男は急死、次男は天衣無縫の馬鹿、三男は生まれつきの病弱。そこで先代が村娘に産ませ、九歳まで足軽の子として育てられた小四郎が第十三代当主となる。

この十三代、糞《クソ》がつくほど真面目。老中から言われた「領国経営」の要である節倹、収税の正確な実行、そして殖産興業に着手する。手始めは参勤交代費用の徹底的な切り詰め。なりふりなど構ってはいられない。たとえ莫大な借金の前では焼け石に水と思われようとも一つ一つ実行していく。その質朴なまでの姿に、国家老ら家臣も、豪農や天下の豪商たちも、そして七福神や貧乏神さえ打たれてしまう。

気の遠くなるようなこの難問をどう解決しようとしたのか。その捻出方法については読者のお楽しみに取っておくとして、小四郎の思いはただ一つだった。「松平和泉家の名を惜しみ、父祖の伝えたふるさとをゆめゆめ失うてはならじ」ということだった。凡庸でも誠実であり続けることの大切さを教えてくれるのである。

それにしても「浅田ワールド」の極致とさえ言えるこの小説のすごいところは、悪評高い御隠居様を含め、登場人物の誰一人として造型が細やかでない者がいないことである。悪意が満ちあふれている今日日、これほどの「性善説」小説にお目にかかるとは大いなる驚きである。

（文藝春秋、各一六〇〇円）

（二〇二〇年一月十九日）

「ながい坂」の如くあれ

山本周五郎著『ながい坂』ほか

誰しも心に深く刻まれている書があるだろう。私にとっての「人生の書」は山本周五郎『ながい坂』（新潮文庫）である。これまで二〇回近く読んだろう。うちひしがれた時、答えが見つからず煩悶する時、年が改まる時、思わずページを開いてしまう。この正月も手に取った。

下級武士の子に生まれた阿部小三郎は八歳のとき、衝撃的な経験をする。父と一緒に沼に釣りに行く時いつも渡る小橋が、ある日跡形もなく取り壊されていた。家老の息子の学問所がつくられ、人が通ると勉強の邪魔になるというのである。

城下町に私有地などない。道とか橋は子どもにとって、大地や山川のように常にそこにあるものだ。このような理不尽が許されていいはずがない。早く出世し無道なことが出来ないようにしよう。そう焦り学問と武芸に励む小三郎に、師の小出方正はこう言って諭す。

「人の一生はながいものだ、一足跳びに山の頂点へあがるのも、一歩、一歩としっかり登ってゆくのも、結局は同じことになるんだ、一足跳びにあがるより、一歩ずつ登るほうが途中の草木や泉や、いろいろな風物を見ることができるし、それよりも一歩、一歩を慥《たし》かめてきた、という自信をつかむことのほうが強い力になるものだ」

◇

小三郎は成長して名を三浦主水正と改める。異例の出世への藩内の激しい反発、気の遠くなるような堰堤《えんてい》工事や開墾作業、藩主交代の策謀……。幾多の困難に直面しながらも、不条理は許さないという「初心」と師の言葉を胸に秘め、一歩一歩、辛抱強く進んでいく。

この小説は己を厳しく律して「初心」を貫く一人の男の孤独の物語である。読むたびにいつも反省させられる。自分は何のために新聞記者になったのか。日常に流され「初心」「原点」を忘れてはいないか。そう問われるのである。

一国の宰相の双肩に加わる重圧は、われわれには計り知れないものがあるだろう。それでも『ながい坂』の世界は、同じ山本周五郎の『さぶ』が愛読書だという野田首相にとっても無縁ではないだろう。

◇

首相は今、断崖絶壁に立っている思いだろう。立ち遅れている被災地の速やかな復興はもちろん、消費税の引き上げ、TPP（環太平洋経済連携協定）の参加など、いずれも内閣の死命を制する課題であり、野党はもちろん与党の半分以上を敵に回しての戦いである。

党内融和を旗印にスタートした首相に果たしてやりきれるのかという懸念があった。それだけに先月二十九日の民主党税制調査会合同総会での首相発言は「君子豹変す」の観さえあった。

「民主党は政治家の集団ではない。政治改革家の集団だということを国民に示そう」「今逃げたらこの国はどうなるのか。……政権与党というのは一番つらいテーマ、苦しいテーマから逃げないことだ」

政治家を評価するにあたって私なりに決めている基準がある。自分にとって明らかに不利になると分かっていても引き受け、やり遂げる勇気があるかどうかである。消費税引き上げはその象徴的なテーマである。

首相にまず試されるのは、首相なりの「初心」を貫き通す覚悟があるかどうかだが、覚悟だけでも事は成就しない。周到な準備と辛抱強く説得する「手立て」がなくてはいけない。岡田克也副総理起用を含めた内閣改造はその一歩だろうが、国民に直接体当たりで説得しようという気概と「装置」も必要だ。

こう書いて、ふと岡義武さんが『近代日本の政治家』（岩波現代文庫）で描いた首相犬養毅の最期の姿を思った。

一九三二年五月十五日午後五時半、陸海軍軍人九人が首相官邸を襲った。避難を勧める巡査や家族に対し「いや逃げない。そいつ達に会はう。会つて話せば分る」と断り、拳銃の引き金を引く中尉に、「まあ、待て。射つのは何時でも出来る。あつちへ行つて話を聴かう」と懐手し無造作に和風の客間に案内した。

床の間を背に説得しようとするが「問答無用、撃て」の声で撃たれ、頭部とこめかみから夥《おびただ》しく出血する。それでも右手に持っていた煙草に火をつけるよう、お手伝いさんに命じ、「いまの若い者をもう一度呼んで来い。話して聞かせてやる」と三度も繰り返した。

生粋の政党政治家犬養の一生は、毀誉褒貶に彩られた清濁・明暗の両面があったが、最期は見事というしかない。

（『ながい坂　上・下』新潮文庫、各七五〇円）

（二〇一二年一月十四日）

人間への深い「諦念」

夏樹静子著『孤独な放火魔』

任官間もないみずみずしいまでの〝ひよっこ〟裁判官、久保珠実が担当した裁判員裁判の物語である。苛《いじ》め、認知症、ＤＶなど今日的な問題を横糸に、裁判がどのように進行しているかを縦糸に三篇の物語は構成されている。

犯行の動機は？　殺意・計画性の有無は？　放火したことは明らかなのに無罪になるとはどういうことなのか。

職業裁判官と素人の裁判員が話し合う「評議」の模様も丁寧に再現されている。「乗り降り自由」という言葉も初めて聞いた。裁判員裁判の意味もわかってくる。

全体を貫くキーワードは裁判長の一言に尽きるだろう。「裁判は最後まで、何が起きるかわかりませんよ」。それはまた、神でない人間が人間を裁くことの難しさのゆえでもあるのだろう。

夏樹作品にはいつも、著者の人間観がさりげなくちりばめられている。

「愛情は人の努力では左右できない。邪《よこしま》な愛を抱く苦悩も、愛を抱けない煩悶も、理性や努力だけではどうにもならないのかもしれない」

人間への深い「諦念」とでもいうべきものがある。

（文藝春秋、一五五〇円）

（二〇一三年三月三日）

もう自分を責めないで

津村節子著『紅梅』

拝啓　育子様

十年余前、胃癌で死に直面して以来、痛切に思い続けてきていることがあります。できるだけ家族に迷惑をかけないで死に赴きたいということです。ですから自らカテーテルポートを引き抜き、「もう死ぬ」と言って息を引き取ったご主人吉村昭さんの死は理想でした。吉村さんの絶筆『死顔』の書評（拙著『「二回半」読む』所収）でもこう書きました。

「延命治療を自分の意志で拒んだその死は、私にはたまらなく羨ましい理想の最期のように思われた（中略）範とすることは叶わぬと思いつつ、かくありたいと願うのである」

でも、前作『遍路みち』に続いて『紅梅』を読み、間違っていたのではないかと思うようになりました。新作は夫の癌との闘いの日々を縦糸に、「家族の情愛」と深い「自責の念」を横糸に展開されているように思います。

闘いの日常だからこそ、「小さな幸せ」を大切にしたいと思うのでしょうね。退院後夫と二人で散歩する幸せをかみしめています。夫の日記に「育子の心のこもった看護に感謝」とあるのを見て涙ぐみます。

でも圧倒的に育子さんの心を占めているのは「自責の念」でした。「育子、寝ているうちに帰る」。日記のこの記述に、夫の底知れぬ淋しさを思い、胸を鋭利な刃物で刺された気持ちになります。臨終間際、夫が残る力を振り絞り軀《からだ》を半回転させたのを、情の薄い妻に絶望して死んだのだ、自分はこの責めを死ぬまで背負ってゆくのだと責め立てます。

育子さん、どうしてみんな自分のせいにするのですか。精いっぱいやったじゃないですか。亡くなるその日、化粧し、夫お気に入りの花柄のワンピースを着て、コーヒーとビールを飲ませたじゃないですか。お二人の歩みも日常も知らない者が何を言うかとお思いでしょう。でも、私は十分に尽くしたと思います。どうかもう、自分を責めないでください。

敬具

（文藝春秋、一一四三円）

（二〇一一年十月九日）

生の厳しさ、現代を舞台に

乙川優三郎著『脊梁山脈』

『生きる』をはじめ乙川優三郎作品に親しみ、この人はいつか山本周五郎、藤沢周平に次ぐ作家になるのではないか。そう密かに思い続けてきた。初めての現代小説『脊梁《せきりょう》山脈』を読み、決して勝手な思い込みではないと実感した。

物語は二つの大きな流れとなって展開する。ひとつは轆轤《ろくろ》を回して木形子《こけし》や器をつくる木地師の源流を求める旅である。二十三歳で戦地から帰った信幸は、佐世保からの復員専用列車で助けられた小椋康造の消息を求めて近江、信州、東北と木地師の地を巡りながら、木地師の作品や暮らしを図録にしようとする。

木地師と皇統、帰化人との密接なつながりが次第に明らかにされていく。そこには滅び行くものへの哀切だけではない。歴史が都合よく作られていくことへの怒りがある。木地師を通じて古代史の見直しにまで切り込んでいる。

もうひとつは、戦後を生きる対照的な二人の女性の姿である。勝ち気で奔放、憎いほど小癪《こしゃく》な佳江。ひたすら控えめに、信幸の夢を聞きながら、「わたしの一生で足りるでしょうか」と答える、木地師の家に生まれた多希子。そのどちらにも惹きつけられる信幸。

戦後に限らない。生きるとは、あたかも木地師が新天地を求めて脊梁山脈を越えるような厳しいものなのかもしれない。物語の最後で意外な秘密が明らかにされるが、朝鮮半島との関係はじめ日本とは何かも深く考えさせられた。

乙川作品の魅力は、深い思索のあとに紡ぎ出されたかのように彫琢された文章にある。

「密やかな葦の群落が地下水の浅いことを知らせてくれるように、寡黙な、しかし淳良なものこそ実生活の中に浸透してゆくべき……」

「良心を鍛えておけばいずれ使う機会は訪れる、死ぬまでに一人でも救うことができたら上出来だよ」

自分はどんな生き方をしてきたのか。自問せざるを得なくなるのである。

（新潮社、一七〇〇円）

（二〇一三年七月七日）

慈しむ心、人間を肯定

宮本輝著『田園発　港行き自転車　上・下』

宮本輝は私にとって、決して期待を裏切られることのなかった作家である。この小説もまた例外ではなかった。

一五年前、カガワサイクル社長、賀川直樹は五十歳で急死した。宮崎でゴルフをしていたはずなのに、どうして富山県のJR滑川駅の改札口で心筋梗塞で亡くなったのか。謎は富山、東京、京都を舞台に解き明かされていく。解く鍵のひとつは黒部川にかかる「赤い橋」愛本橋に惹かれる人たちにあった。

それにしてもこの小説の登場人物はことごとく「善き人」たちである。二人の女性のため、わざわざ金沢から富山まで自転車を運ぶシゲオちゃん、十四歳の佑樹君を京大に入学させ、ハーバードかスタンフォードの大学院に進ませようというプロジェクトを練る「でかおじさん」、娘の不倫相手と真剣勝負する川辺康平……。

どちらかというと男たちが魅力的に映るが、何といっても圧倒的に存在感があるのは、社長直樹の落とし子の行く末を一手に引き受ける平岩壮吉だろう。「人間を慈しむ心が横溢している」平岩の言動には粛然とさせられる。

小説の名手による風景の描写は、あたかも音楽を奏でているかのようである。黒部川の堤から農道を進んで入善漁港へと通じる道筋、そこには水の匂い、土の匂い、まだ幼い稲の匂い、風の匂い、夕日の匂いが漂うというのだ。この作品はまぎれもなく「人間肯定の書」であり、ユートピアを描いたものなのかもしれない。

秘密というのは、明らかになれば必ずや傷つく人が出るものである。しかし、この物語は違う。富山で大団円を迎える。そこにまた救いがある。甲本雪子の感慨、それは作者の哲学でもあるのだろう。限りない共感を覚える。

「人間の世界には、こんな奇跡に似たことがあちこちでしょっちゅう起こっているのかもしれない。人間はそれに気づかないだけなのではないのか……」

（集英社、各一六〇〇円）

（二〇一五年五月十七日）

「六十男」を裸にする

内館牧子著『終わった人』

切れのいい啖呵、きりっとした心意気、そして息をつかせぬテンポ。岩手弁もふんだんに、心行くまで「牧子ワールド」に誘ってくれる。

東大法学部を卒業、一流銀行に入った田代壮介は役員寸前で子会社に出向させられ、六十三歳で定年を迎える。それが三十代半ばの男と出会い、運命が大きく変わったかに見えた。が、事態は意外な展開をたどっていく……。

六十代は複雑な存在だ。「終わった人」と烙印を押される一方で、本人は失ったものを取り戻したいと思う「空腹の世代」でもある。著者はその男たちの心理をすべて見通したかのように、完膚なきまでに白日のもとに晒す。

田代はカルチャースクールの浜田久里と食事をする。かなり酔った久里をタクシーで送る。触れなば落ちんと思って肩を抱きよせようとしたそのとき、久里は田代との間にハンドバッグをねじ込むように置いた。冷水を浴びた田代は、ああ、これは不可侵の結界だったと気づく。このシーンにどきりとしない男はおるまい。

田代の娘道子は辛辣だ。離婚すべきか悩む父母を厳しく叱る。「結婚なんてギャンブルだよ。それに、一人で暮らせないから男を取っつかまえた以上、女もかぶらなきゃいけないものは当然ある。結婚はギブアンドテーク。その根性がないなら、別れる。二つにひとつだよ」

定年を迎えた田代にDVDが贈られる。そのなかの二人の母の言葉が身に沁みる。八十六歳の実母は日本酒をなみなみと注いだグラスを掲げ、「今日でお終《しめ》ぃだずのも、目出てんだが悲すんだがわがらねっとも、まんつ、酒っこ飲めるんだがら良《い》がべじゃ」とグイッと飲み干す。

義母は伊東のホームから感謝のメッセージを寄せる。「一家の主として、家族を泣かすことも路頭に迷わせることもなく、みごとに守り抜いて下さったのは、どんな仕事より大きいことです。本当にありがとう。私は一人娘を壮介さんに嫁がせたことが、何よりの誇りです」。

（講談社、一六〇〇円）

（二〇一五年十月二十五日）

役者仲間　不器用な老後

高橋洋子著『のっぴき庵』

伊豆急下田駅からバスで三〇分ほどのところにその老人ホームはある。入居者はリタイアした役者ばかり。なぜ「のっぴき庵」か。それぞれのっぴきならないところにいるからだ。

悪代官や私腹を肥やす大番頭役など何でもこなした「バクさん」。細い顔にデーンと立派な鼻がある三木のり平風の「重《しげ》カネ」……。個性的だが、必ずしも華々しい過去を持たない人たちのところに、スター級だった英幸二が入ってきた。何か起きないはずがない。

「十根久子……死んだの、知ってるか？」「そういう知らせが入ったんだよ」。英の一言は重カネを打ちのめす。久子はスターの英ではなく、脇役の重カネを選んだ。しかし、重カネは生まれてきた娘の親はだれなのか疑心暗鬼に襲われ続けてきた。別れたとはいえ、自分に連絡がなくて英にあるとは。やはり……。

実は英の言葉には小さな嘘があったのだが、重カネはバスや列車を乗り継いで久子の生まれ故郷、串本に向かう。久子の実家でぽっくり逝きたいとさえ思う。みんなに引き戻され、数十年ぶりに乗った飛行機から眼下を見て思う。きっとみんな不甲斐ないまま死んでいくんだよ。だけどさ、俺の周りにはいっぱい人間がいたよ。いろんな役者がいたよ。時代劇のセットってちょっと臭かったな――。

「のっぴき庵」の住人たちに私は限りない愛しさを覚える。そして決して大言壮語せず、いつもおろおろしているようなホームの経営者、今村富夫にとてもかなわないものを感じる。

富夫はラーメンブームに乗って億の財産を持ってからお金に対する観念を変える。人に尽くしたいと思う。役者は無性に孤独で淋しがり屋だ。要領よく生きられない。だけど人一倍やさしく、あったかい。だから手を差し伸べたい。富夫の尊い思いは「湯の町忠臣蔵」をみんなで上演、ひとつの結実を見る。できるならホテル「黒船亭」でこの芝居を見たいものである。（講談社、一六〇〇円）

（二〇一六年六月五日）

いかに生を終えるか

小池真理子著『死の島』

「心身の不自由は進み、病苦は堪え難し。脳梗塞の発作に遭いし以来の江藤淳は形骸に過ぎず。自ら処決して形骸を断ずる所以なり」

一九年前の評論家江藤淳の自殺は、深い覚悟を伴う「処決」という言葉とともに、多くの人に大きな衝撃を与えた。死は避けられない。ならば、いかにその時を迎えるか。生きている人間にとって永遠の課題である。

澤登志夫は四年前に出版社を辞め、東京文芸アカデミー小説講座の講師となったが、まもなく癌が発覚した。ステージ4の腎細胞癌で骨にまで転移、六十九歳を機に引退する。その直後、かつての恋人、三枝貴美子の妹の訪問を受ける。

膵臓癌の貴美子は延命治療を拒み、在宅で従容として死に赴き、澤に一冊の本を渡すよう依頼した。『ベックリーン　死の島』と題した本には、「死の島」のカラー図版が入っていた。生き物の気配のない死の島に向かって、一艘の小舟がゆっくりと水面を進んでいる。舟には白い柩が載せられ、静寂に包まれた島の霊廟に安置されようとしている。

「死の島」に己の姿を重ね合わせようとする澤。四十八歳の時に離婚、一人娘はいるが、もう何年も会っていない。蛇蝎のごとく憎い相手を見る目で見られた記憶しかない。「一条の光」ともいうべきは、講座生の宮島樹里だ。筆舌に尽くしがたい体験を「抹殺」という小説にまとめた樹里は澤を深く尊敬、澤の力になりたいと思う。樹里は澤にとって、哀れな最期を迎える男への「神の特別の温情」だったのだろう。

三島由紀夫、川端康成、江藤淳らの死に「自らを決した」というしかない「自決」の姿を見る澤は、決して樹里を巻き込んではいけないと自らに課しながら、密に計画を立てる。これ以上の種明かしは御法度である。読み終わり、自分だったらどうするかと改めて自らに問うとともに、死に臨んで最も大切に思う人への配慮に満ちていることに、深い安堵を感じた。（文藝春秋、一七〇〇円）

（二〇一八年四月十五日）

今日的課題に斬り込む

加茂隆康著『法廷弁論』

優れたリーガルサスペンス（法廷劇）の醍醐味は、証拠と論理を駆使した検察官と弁護士の息詰まるような対決、裁判官による巧みな法廷裁きと判決にあるのは言うまでもない。と同時に、私にとっての関心は、社会が抱えている今日的課題がいかに映し出されているかにある。本作品はその期待に十分応えてくれる。

テレビやCMで活躍中の丘野ヒロ子は才色兼備を絵で描いたような三十代後半の弁護士だ。身体障害者の弁護で弁護士会の懲戒処分を受けたうえに、女性教授殺人事件の犯人として逮捕されてしまう。その弁護を頼まれたのが若きイケメン（と思われる）弁護士水戸裕介である。一体真犯人は誰なのか。

身体障害者の年金詐欺や資産家老女の預金通帳から消えた一億六〇〇〇万円、懲戒審査の行方などが絡まり合いながら事件は収斂していくが、この作品の一番の肝は法曹界に巣くう〝暗部〟の摘出、告発にある。

その中でも、誰でも請求できる弁護士懲戒制度への批判は容赦ない。懲戒の審査は原則非公開で少数の委員によって恣意的に決められている。ドイツの「名誉裁判所」のように第三者機関に委ねないと公正な判断は期待できないと指摘してやまない。そして事件の背後には、弁護士人口の急激な増加によって顧問料のダンピングも起こり、経営が成り立たない弁護士が増えていることがあることもよくわかる。

「鋼のような情熱」と「ピアノ・ソナタのような繊細さ」を併せ持つと丘野が言う水戸の発する言葉が味わい深い。「集められた不幸は、ひたすら耐えれば、いつか必ず、幸福に反転する日が来ます」「どん底の悲哀を味わってこそ、栄光のありがたさも身に沁《し》みます。逆境を乗り越えれば、復活が待っています」「いったんクロの先入観にとらわれると、容易にはその呪縛から解放されない。もしかすると潔白ではないかという疑いすら持とうとしない」

（講談社、一六〇〇円）

（二〇一八年五月二十日）

神をも捨てる烈しさ

『格闘』

高樹のぶ子著

出足払《であしはらい》、浮腰《うきごし》、双手刈《もろてがり》、腕挫十字固《うでひしぎじゅうじがため》、裸絞《はだかじめ》、大内刈《おおうちがり》、袖釣込腰《そでつりこみごし》、金次郎返《きんじろうがえ》し。八つの柔道の技を章立てに鋭利な筆さばきで展開するこの小説を読みながら去来したのは、「生きる」とはあらゆる技を駆使して「闘う」ことだろう。しかし、いかなる技も効かないものがある。それは「愛」であり、時には神をも捨てる烈しさを秘めたものなのではないかということである。

私は柔道家羽良勝利、通称ハラショウをノンフィクション作品にすべく取材を始める。ハラショウは不思議な柔道家である。無名で勝ち上がり、全日本の体重別選手権で優勝。しかし、続く世界選手権では簡単に敗れた。変幻自在に試合に臨む不気味さ、繰り出す技の素早さで恐れられたが、優勝の翌年、姿を消した。

ハラショウはさまざまな伝説と陰を持つ。犬の腹に嚙みついた。「乳の木」と呼ばれる寺の銀杏の大木を根元から伐り倒した。それも「伐って欲しい、倒して欲しい、と毎晩声がする」という理由で。高校の柔道部顧問の松本鈞《きん》先生の肘関節を折った……。そして今一緒に住んでいる康子さんは松本先生の奥さんだった。

ハラショウや康子さんに会い、高校まで過ごした港町を訪ねる。しかし、取材は次第に行き詰まってしまう。過去が謎めいているからではない。ハラショウの不思議な魅力に取り憑かれたからだ。こちらから躙《にじ》り寄ってしまうような「原始的な感情」に囚われたからだ。等辺とは言えない三角関係が生まれるのである。

伝説は伝説である。秘密のベールは次第に剝がれる。ハラショウにとって「乳の木」は単なるご神木ではない。「柔道の精神」であり、自分を作ってくれた存在のすべてだった。それなのになぜ、柔道の神に永遠に顔向けができないことをしたのか。なぜ原罪となってその後の人生を規定したのか。実はそこに母も含めた女性の陰が色濃くあった。かくて作品は日の目を見ることなく筐底に収められることになった。

（新潮社、一八〇〇円）

（二〇一九年九月二十九日）

過疎地再生の夢と現実

米澤穂信著『Iの悲劇』

山あいにあるわずか二〇軒の小さな集落「南はかま市」の簑石地区。一人亡くなり、一人去り、六年前とうとう誰もいなくなった。新市長がIターンの支援と推進を公約、ひとつの部署ができた。名付けて「甦り課」。とはいっても課員は三人にすぎない。出世志向の強い公務員中の公務員万願寺邦和、公務員らしくない、さばけた新人の観山遊香、何があっても定時に退庁、やる気がまったく見えない課長西野秀嗣。

募集の結果、まず二世帯が移住する。しかしカーテンが焼ける火事が起きる。どうして起きたのか。かねて隣同士でトラブルがあったからなのか。やる気のない課長が見事にその謎を解明し、二世帯はいなくなった。次に一〇世帯が鳴り物入りで移住してくる。市長肝いりのプロジェクトが実を結んだとあって、新生簑石の開村式には地方紙やミニコミ誌はもちろん、全国紙やテレビ局も取材に来る。

ところが、無情にも次々と事件は起きる。水田を利用して四方をネットで囲み、鍵まで掛けて飼っていたのにどうして鯉は消えてしまったのか。稚鯉が身を翻していっせいに泥に潜ったとでもいうのか。やがて謎が解かれるとともに人は去り、とうとう誰もいなくなった。

一話一話がありふれた話のようでいて謎解きが実におもしろい。そして終幕では予想だにしない展開がやって来る。もうこれ以上書くと興が殺がれるのでやめよう。読んでいる私も見事に欺されたことを告白する。しかし、それは快い「裏切り」でもある。上質のミステリー小説を味わうことができた。

それだけでない。ここには過疎化が進む地方の現実と、それを必死で食い止めようとする地方公務員の姿がある。万願寺は夢想する。黄金の稲穂が揺れ、人工池では鯉が何十匹も泳いでいる。バーベキューの煙が立ち上り、もうすぐ秋祭りが始まる。それは幻にすぎないのか。政治と行政のあり方まで考えさせられる。

(文藝春秋、一五〇〇円)

(二〇一九年十一月三日)

みんなに「後光」が射している

佐江衆一著『黄落』

拝啓　佐藤トモアキ様
『黄落』、拝読しました。平成七年の単行本の刊行直後に読みましたので、二回目になります。一語一語、心に沁みました。そして一九年前、胃がんで胃の全摘手術を受けた時のことを思い出しました。五〇日の入院中、リハビリのため廊下を行き来するのを日課にしていました。そこで気づきました。年の頃四十五、六から六十歳ぐらいの女性が一生懸命、お年寄りを介護しているのです。どうしてこんなに多いのだろうかと不思議に思い、何人かに聞いてみました。そこには共通するものがありました。

それは「後悔」の気持ちです。自分は舅、姑をちゃんと見送っただろうか。子育てが忙しく、確執もあったかもしれない。しかし、二人とも亡くなった今、自分は十分介護できなかったという悔いが残り、「贖罪」のためボランティアで病院に来ているのです。深く心打たれました。みんな辛い重荷を背負いながら生きていることを実感しました。そのことに思いを馳せることなく記事を書くのは不遜だと思いました。以来「あなたの文章が変わりましたね」と言われました。

前置きが長くなってしまいました。トモアキさん、本当に大変でしたね。今九十二歳の父親と八十七歳の母親を一二年前に近くに呼び寄せて住み始めましたが、「災厄」がこれでもかこれでもかと襲いかかりました。お母さんの大腿骨骨折と入院、右手の甲の火傷、気がふれたように両足を投げ出してのビール飲み……。作家として仕事をするどころではありません。あげくはバイク事故にまで見舞われてしまいました。

しかし、何より辛かったのは奥さんとの関係でしたね。「あなた病院で、わたしを責める冷たい目で見たわね。あの目はなによ。……一生忘れないわ」「男はずるいわ」「親の世話を妻におしつけて当り前だと思ってるわ」。その通りだけに一語一語が胸に突き刺さったことでしょう。「離婚しよう」と言ったのも、奥さんの献身に対する感謝があったからだと理解できます。介護問題とは、介護する人と介護される人の関係だけでなく、介護する人同士の関係が大事なんですね。

苦労の連続（もちろん奥さんの方が数倍大変だったのでしょうが）だけに、全体が暗いかと思いきや、この小説は意外にも明るいことに気づきました。両親が引っ越してきて以来、ずっとお父さんの床屋さんをしてきました。デイサービスを承知してくれた母に感謝し、せめて息子のつくったあたたかい蒸しタオルで軀を拭くようにと渡しました。デイサービスに行く前日には、お母さんに花柄のブラウスを買ってあげ、足の爪を切り、むくんで熱っぽい足まで撫でさすったじゃないですか。私には限りなく貴いものに映ります。「後光」が射していると言われて当然です。

父と母が死んでくれたらと願う気持ちが脳裡の片隅に浮かんだからといって何ですか。避けようがないではありませんか。母をもっと長生きさせられたのではないか、私の冷酷さと不甲斐なさが母の寿命を縮めたのではないか。そう己をむち打つ気持ちはわからないわけではありません。でも、自分を責めすぎです。十分すぎるほど尽くしてきました。

それにしても食を絶って死を迎えるお母さんの最期は衝撃でした。荘厳でさえあります。ましてや狂気を装って、夫（お父さん）を道連れにしようとした凄さには驚嘆しました。何よりの極めつきは「わたしはね……結婚していないのよ」という最後の言葉です。夫を許さぬ執念にたじろぎ、思わずわが身を振り返ってしまいました。妻の心の奥底に潜んでいるであろうものに恐怖を覚えたのです。
　私には妻の両親も含めて深刻な介護の経験がありません。ですから介護で毎日身も心もすり減らしておられる多くの方々を前に何かを言う資格はありませんが、生きるにあたって大事にしている言葉があります。小渕恵三元首相の「宿命に生まれ、運命に挑み、使命に燃える」というものです。人間には自分ではいかんともし難い宿命がある。その宿命を嘆くことなく、己の信じる道をしっかりと見定めて生きていくことの大切さを記したものです。それは「自然体」と言ってもいいと思います。「根くらべだな。だけど、自然にまかせるほかはないね……」というトモアキさんの呟きと同じ境地です。どうか、くれぐれもご無理をなさらないようにしていただきたいと思います。

敬　具

（新潮文庫、六三〇円）

（『波』二〇一九年六月号、新潮社）

〈補〉仁王立ちで立ち向かえ

速水融著
『日本を襲ったスペイン・インフルエンザ——人類とウイルスの第一次世界戦争』

今から一〇〇年前、世界をスペイン・インフルエンザが襲いました。死亡者は世界全体で二〇〇〇万人から四五〇〇万人。同時期の第一次世界大戦の戦死者が約一〇〇〇万人だったことを考えると、いかに被害が甚大だったかわかります。

スペイン・インフルエンザは日本でも猖獗を極めました。犠牲になった日本人は内地・外地合わせて七四万人という数字もあります。にもかかわらず、歴史の教科書でも歴史書のシリーズでも滅多に登場しません。なぜなのか。その理由は後で述べるとして、その惨状を正面から取り上げた書があります。

歴史人口学の権威で昨年十二月に亡くなった慶大名誉教授速水融さんの『日本を襲ったスペイン・インフルエンザ』（藤原書店）です。死亡統計や各道府県の新聞記事、医師の記録などを徹底的に調べた渾身の書で、一四年前出版されました。

スペイン・インフルエンザは二度日本を襲いました。一九一八年秋から翌年春までの「前流行」と一九一九年暮れから翌年春までの「後流行」です。前流行は公式統計だけでも日本の総人口の四割近くの二一一六万八〇〇〇人が罹患し、二五万七〇〇〇人が亡くなりました。

　日本人の死者はほとんどの文献で合計三八万五〇〇〇人と言われています。しかし、速水さんは統計の不備を補い、内地四五万三〇〇〇人、外地二八万七〇〇〇人の七四万人と推計しています。

　速水さんは道府県ごとに惨状を詳述しています。大阪市では三カ所の火葬場で処理できず遺体を積み上げざるを得ませんでした。長野県では一集落が全滅、各地で棺桶が不足し茶箱を使うところが出るほどでした。罹患者が前途を悲観し自殺したり凶行に及んだりした例も東京府のあちこちで見られました。

　政府、自治体、警察、医学界が何もしなかったわけではありません。マスクの使用やうがい手洗いの励行、人混みを避けることなどを繰り返して呼びかけました。しかし、各種興行の閉鎖はほとんど行われず、神仏に救いを求めて殺到する満員電車の乗客は感染の可能性が非常に高いにもかかわらず、何の規制もしなかったといいます。

　前流行の直前に日本初の本格的政党内閣である原敬内閣が誕生しました。原敬首相はスペイン・インフルエンザにどんな認識だったのかを知ろうと『原敬日記』（福村出版）を繙いてみました。驚くことに、日々詳細に記述しているこの日記の該当箇所はこのぐらいでした。

「午前腰越（別荘）より帰京、風邪は近来各地に傳播せし流行感冒（俗に西班牙《スペイン》風と云ふ）なりしが、二日間斗りにて下熱し、昨夜は全く平熱となりたれば今朝帰京せしなり」

（一九一八年十月二十九日）

対策はもちろん、猖獗を極めている状況についてもよそ事のような書き方です。当時日本国内は「米騒動」に象徴される社会運動が激しくなる一方で、大正デモクラシーが花開き、第一次世界大戦の戦勝国として戦争景気に酔っていたなどという時代的な背景があったとはいえ、「政治の不在」は明らかです。

一〇〇年後の今の政治の姿はどうだろうか。そもそも安倍政権のクルーズ船への対応は正しかったのか。クルーズ船に忙殺されて国内対策が後手に回ったのではないか。スポーツ・文化イベントの自粛要請や小中高の全国一斉休校要請は行き過ぎで唐突だったのではないか。さまざまな批判があります。

「後手後手」と非難され、先手を打とうとすれば今度は「独断」と言われます。避けられないことです。まして専門家でさえ意見が分かれる未知のウイルスとの戦いです。賛否両論が出るのは当然です。

その際最も肝心なのは政治の断固たる姿勢ではないかと思うのです。首相が仁王立ちになって、どんなことがあってもこの戦いを勝ち抜こうと陣頭指揮している姿が見えるかどうかなのです。その意味で首相の先月二十九日の記者会見は遅すぎました。毎日記者会見して国民に訴えるぐらいの気迫が必要です。

初代内閣安全保障室長の佐々淳行さんは、危機管理の要諦として「最悪に備えよ」「悲観的に準備せよ」と強調しました。その観点から言えば、一斉休校要請は最悪の事態を回避するために十分あり得る選択肢でした。

法律がなければ法律を作る。法律を作るいとまがなければ政治の責任で決断する。野党の協力も求めながら断固として対応してほしいと思います。

（藤原書店、四二〇〇円）

（二〇二〇年三月七日）

あとがき

新型コロナウイルスが世界を席巻し、五月末現在、世界の感染者は六百万人を超え、死亡者は三十七万人に達しようとしています。日本では初めて「緊急事態宣言」が発令され、外出自粛が呼びかけられています。治療薬のない「未知のウイルス」の前に、人類はいかに無力なのかも思い知らされました。

自分がいつコロナウイルスに感染するか、あるいは知らぬ間に人に感染してしまうかという、見えない恐怖の中で、いくつかの「発見」もありました。

世界も日本もわずか百年前に、「スペイン・インフルエンザ」に襲われています。世界で二千万人から四千五百万人、わが国だけでも七十四万人が亡くなったといわれています。日本での被害の実態は、十四年前に出版された速水融さんの『日本を襲ったスペイン・インフルエンザ』（藤原書店）で詳細に描かれています。この書の存在はあまり知られていませんでしたが、新型コロナウイルスに直面した私たちにも学ぶべき多くのことが書かれています。そのことを『読売新聞』の私のコラム「五郎ワールド」（二〇二〇年三月七日付）でも取り上げました（本書〈補〉参照）。

新型コロナウイルスは、私たちの日常を振り返る機会になっています。作家で写真家の星野博美さんが、三月二十四日の『読売新聞』の夕刊に書かれたエッセー「今考える日常のあり方」には深くうなずくものがありました。星野さんは、満員電車で通勤しなければならない人、子どもを預けて仕事に出なければならない人、医療に従事する人、お年寄りの介護をしなければならない人など、その心中は想像するにあまりある。緊急の用事があまりない私なども、気づかないうちに発症し、一緒に暮らす八十代後半の両親に感染させるのではないかという緊張感に包まれているそうです。

それでも慣れない蟄居生活の中で、何か楽しみを見つけるしかないと思って、頼ったのが本だったというのです。「積ん読」本が山ほどあり、本棚から引っ張り出して開いては、うわ、こんな本を持っていたのか、まったく記憶にないぞ、あるいは途中で断念した本がなんと多いことかに気づき、ベランダに椅子を出してひたすら読み進めます。そして今年は思いもよらぬ猶予を与えられた年だと思い、この経験が生かされる時がいつかきっと来ると信じるのです。

星野さんのお母さんは、普段にも増して裁縫に熱中します。友達からプレゼントされた手作りのマスクに触発され、マスク作りを続けています。使い捨てのマスクやガーゼを分解して型紙を作り、それに合わせて愛らしい模様の布地を裁断して手縫いしていく。一枚出来るごとに星野さんが使って改善すべき点を伝え、微妙に修正していく。どんどん改良されていくのがたまらなく面白く、ついつい熱中してしまうというのです。

随分紹介が長くなりました。「非常時もまた、日常のあり方を考える機会になる」という星野さんのエッセーに心から共感するからであり、読書の「効用」をユーモアを交えながら教えてくれるからです。
今度の書評集も、藤原書店から出していただくことになりました。売れそうもないのに引き受けてくださる「出版界の良心」ともいうべき藤原良雄社長と、著者の気持ちを二〇〇パーセント汲み取って編集していただいた刈屋琢さんに心からお礼申し上げます。そして事務的なことから内容にわたるまで細心の注意を払ってくれている私の秘書の阿部匡子さんにも深く感謝しております。

令和二年五月

橋本五郎

〈編集部付記〉

本書は、著者が『読売新聞』に執筆した書評、「五郎ワールド」欄を中心に収録し、各稿末に掲載日を記した。『読売新聞』以外の書籍・媒体に執筆したものは、同じく稿末にその初出書名・媒体名、掲載号等を記した。

著者紹介

橋本五郎（はしもと・ごろう）

読売新聞特別編集委員。1946年秋田県生まれ。70年慶應義塾大学法学部政治学科を卒業後、読売新聞社に入社。論説委員、政治部長、編集局次長を歴任。2006年より現職。読売新聞紙上で「五郎ワールド」を連載し、書評委員も20年以上にわたって担当している。また、日本テレビ「スッキリ」、読売テレビ「ウェークアップ！ぷらす」、「情報ライブ　ミヤネ屋」にレギュラー出演。2014年度日本記者クラブ賞受賞。

著書『範は歴史にあり』『「二回半」読む――書評の仕事 1995-2011』『宿命に生き　運命に挑む』『不滅の遠藤実』（共編）（藤原書店）『総理の器量』『総理の覚悟』（中公新書ラクレ）『心に響く51の言葉――一も人、二も人、三も人』（中央公論新社）『官房長官と幹事長――政権を支えた仕事師たちの才覚』（青春出版社）ほか。

虚心《きょしん》に読《よ》む　書評《しょひょう》の仕事《しごと》 2011–2020

2020年７月10日　初版第１刷発行

著　者　橋　本　五　郎

発行者　藤　原　良　雄

発行所　株式会社　藤　原　書　店

〒162-0041　東京都新宿区早稲田鶴巻町523
電　話　03（5272）0301
ＦＡＸ　03（5272）0450
振　替　00160－4－17013
info@fujiwara-shoten.co.jp

印刷・製本　中央精版印刷

落丁本・乱丁本はお取替えいたします
定価はカバーに表示してあります

Printed in Japan
ISBN978-4-86578-274-5

後藤新平の全生涯を描いた金字塔。「全仕事」第１弾！

〈決定版〉正伝　後藤新平

（全８分冊・別巻一）

鶴見祐輔／〈校訂〉一海知義

四六変上製カバー装　各巻約 700 頁　各巻口絵付

第 61 回毎日出版文化賞（企画部門）受賞　　全巻計 49600 円

波乱万丈の生涯を、膨大な一次資料を駆使して描ききった評伝の金字塔。完全に新漢字・現代仮名遣いに改め、資料には釈文を付した決定版。

1　医者時代　前史～1893年

医学を修めた後藤は、西南戦争後の検疫で大活躍。板垣退助の治療や、ドイツ留学でのコッホ、北里柴三郎、ビスマルクらとの出会い。〈序〉鶴見和子

704頁　**4600円**　◇978-4-89434-420-4（2004年11月刊）

2　衛生局長時代　1892～98年

内務省衛生局に就任するも、相馬事件で投獄。しかし日清戦争凱旋兵の検疫で手腕を発揮した後藤は、人間の医者から、社会の医者として躍進する。

672頁　**4600円**　◇978-4-89434-421-1（2004年12月刊）

3　台湾時代　1898～1906年

総督・児玉源太郎の抜擢で台湾民政局長に。上下水道・通信など都市インフラ整備、阿片・砂糖等の産業振興など、今日に通じる台湾の近代化をもたらす。

864頁　**4600円**　◇978-4-89434-435-8（2005年2月刊）

4　満鉄時代　1906～08年

初代満鉄総裁に就任。清・露と欧米列強の権益が拮抗する満洲の地で、「新旧大陸対峙論」の世界認識に立ち、「文装的武備」により満洲経営の基盤を築く。

672頁　**6200円**　◇978-4-89434-445-7（2005年4月刊）

5　第二次桂内閣時代　1908～16年

逓信大臣として初入閣。郵便事業、電話の普及など日本が必要とする国内ネットワークを整備するとともに、鉄道院総裁も兼務し鉄道広軌化を構想する。

896頁　**6200円**　◇978-4-89434-464-8（2005年7月刊）

6　寺内内閣時代　1916～18年

第一次大戦の混乱の中で、臨時外交調査会を組織。内相から外相へ転じた後藤は、シベリア出兵を推進しつつ、世界の中の日本の道を探る。

616頁　**6200円**　◇978-4-89434-481-5（2005年11月刊）

7　東京市長時代　1919～23年

戦後欧米の視察から帰国後、腐敗した市政刷新のため東京市長に。百年後を見据えた八億円都市計画の提起など、首都東京の未来図を描く。

768頁　**6200円**　◇978-4-89434-507-2（2006年3月刊）

8　「政治の倫理化」時代　1923～29年

震災後の帝都復興院総裁に任ぜられるも、志半ばで内閣総辞職。最晩年は、「政治の倫理化」、少年団、東京放送局総裁など、自治と公共の育成に奔走する。

696頁　**6200円**　◇978-4-89434-525-6（2006年7月刊）

「後藤新平の全仕事」を網羅！

『〈決定版〉正伝 後藤新平』別巻

後藤新平大全

御厨貴編

巻頭言 **鶴見俊輔**
序 **御厨貴**
1 後藤新平の全仕事（小史／全仕事）
2 後藤新平年譜 1850–2007
3 後藤新平の全著作・関連文献一覧
4 主要関連人物紹介
5 『正伝 後藤新平』全人名索引
6 地図
7 資料

A5上製 二八八頁 **四八〇〇円** （二〇〇七年六月刊）
◇978-4-89434-575-1

今、なぜ後藤新平か？

時代の先覚者・後藤新平

〈1857–1929〉

御厨貴編

その業績と人脈の全体像を、四十人の気鋭の執筆者が解き明かす。

鶴見俊輔＋青山佾＋粕谷一希＋御厨貴／鶴見和子／苅部直／中見立夫／原田勝正／新村拓／笠原英彦／小林道彦／角本良平／佐藤卓己／鎌田慧／佐野眞一／川田稔／五百旗頭薫／中島純ほか

A5並製 三〇四頁 **三二〇〇円** （二〇〇四年一〇月刊）
◇978-4-89434-407-5

後藤新平の"仕事"の全て

後藤新平の「仕事」

藤原書店編集部編

郵便ポストはなぜ赤い？ 新幹線の生みの親は誰？ 環七、環八の道路は誰が引いた？ 日本人女性の寿命を延ばしたのは誰？――公衆衛生、鉄道、郵便、放送、都市計画などの内政から、国境を越える発想に基づく外交政策まで「自治」と「公共」に裏付けられたその業績を明快に示す！

写真多数 ［附］小伝 後藤新平

A5並製 二〇八頁 **一八〇〇円** （二〇〇七年五月刊）
◇978-4-89434-572-0

なぜ「平成の後藤新平」が求められているのか？

震災復興 後藤新平の120日

〈都市は市民がつくるもの〉

後藤新平研究会＝編著

大地震翌日、内務大臣を引き受けた後藤は、その二日後「帝都復興の議」を立案する。わずか一二〇日で、現在の首都・東京や横浜の原型をどうして作り上げることが出きたか？ 豊富な史料により「復興」への道筋を丹念に跡づけた決定版ドキュメント。

図版・資料多数収録

A5並製 二五六頁 **一九〇〇円** （二〇一一年七月刊）
◇978-4-89434-811-0

編集者はいかなる存在か？

編集とは何か

粕谷一希／寺田博／松居直／鷲尾賢也

〝手仕事〟としての「編集」。〝家業〟としての「出版」。各ジャンルで長年の現場経験を積んできた名編集者たちが、今日の出版・編集をめぐる〝危機〟を前に、次世代に向けて語り尽くす、「編集」の原点と「出版」の未来。

第Ⅰ部　編集とは何か
第Ⅱ部　私の編集者生活
第Ⅲ部　編集の危機とその打開策

四六上製　二四〇頁　**二二〇〇円**
（二〇〇四年一一月刊）
◇978-4-89434-423-5

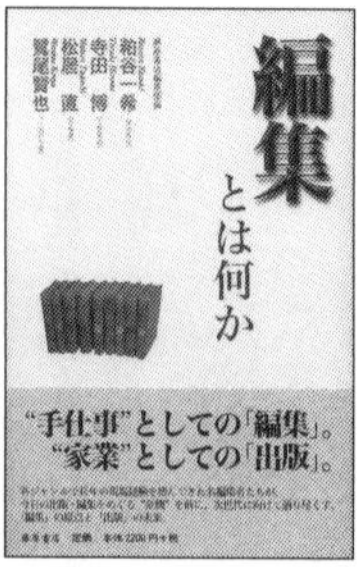

唐木から見える〝戦後〟という空間

反時代的思索者
（唐木順三とその周辺）

粕谷一希

哲学・文学・歴史の狭間で、戦後の知的限界を超える美学＝思想を打ち立てた唐木順三。戦後のアカデミズムとジャーナリズムを知悉する著者が、「故郷・信州」「京都学派」「筑摩書房」の三つの鍵から、不朽の思索の核心に迫り、〝戦後〟を問題化する。

四六上製　三二〇頁　**二五〇〇円**
（二〇〇五年六月刊）
◇978-4-89434-457-0

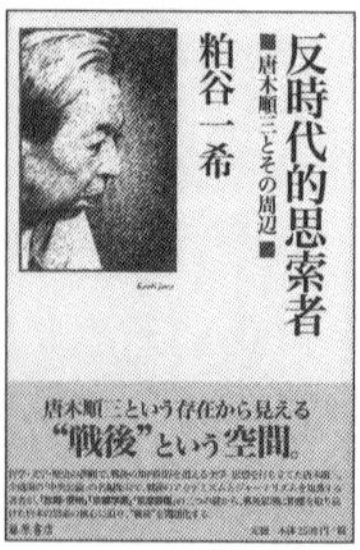

「新古典」へのブックガイド！

戦後思潮
（知識人たちの肖像）

粕谷一希
解説対談＝御厨貴

敗戦直後から一九七〇年代まで、時代の精神を体現し、戦後日本の社会・文化に圧倒的な影響を与えてきた知識人全一三三人を、ジャーナリストの眼で鳥瞰し、「新古典」ともいうべき彼らの代表的著作を批評する。古典と切り離された平成の読者に贈る、「新古典」への最良のブックガイド。

写真多数

A5変並製　三九二頁　**三二〇〇円**
（二〇〇八年一〇月刊）
◇978-4-89434-653-6

最高の漢学者にしてジャーナリスト

内藤湖南への旅

粕谷一希

中国文明史の全体を視野に収めつつ、同時代中国の本質を見抜いていた漢学者（シノロジスト）にしてジャーナリストであった、京都学派の礎を築いた内藤湖南（一八六六―一九三四）。日本と中国との関係のあり方がますます問われている今、湖南の時代を射抜く透徹した仕事から、我々は何を学ぶことができるのか？

四六上製　三二〇頁　**二八〇〇円**
（二〇一一年一〇月刊）
◇978-4-89434-825-7

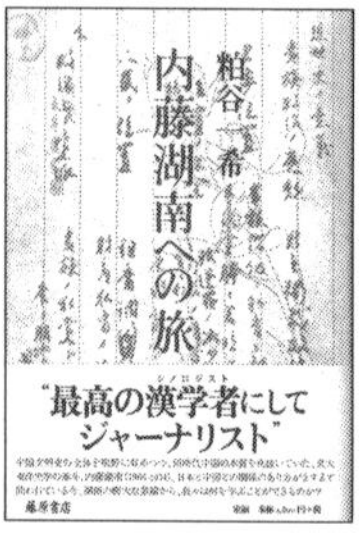

当代随一のジャーナリスト

範は歴史にあり

橋本五郎

親しみやすい語り口と明快な解説で、テレビ・新聞等で人気の〝ゴローさん〟が、約十年にわたって書き綴ってきた名コラムを初集成。短期的な政治解説に流されず、つねに幅広く歴史と書物に叡智を求めながら、「政治の役割とは何か」を深く、やわらかく問いかける。

四六上製　三四四頁　二五〇〇円
（二〇一〇年一月刊）◇978-4-89434-725-0

書物と歴史に学ぶ「政治」と「人間」

「二回半」読む

（書評の仕事 1995–2011）

橋本五郎

約十五年にわたり『読売新聞』を中心に書き継いできた書評全一七〇余本。第一線の政治記者として、激動する政治の現場に生身をさらしてきた著者が、書物をひもとき歴史に沈潜しながら、「政治とは何か」「生きるとは何か」という根源的な問いに向き合う、清新な書評集。

四六上製　三二八頁　二八〇〇円
（二〇一一年六月刊）◇978-4-89434-808-0

大好評『範は歴史にあり』に続く、第二弾

宿命に生き運命に挑む

橋本五郎

歴史と書物に学ぶ自在な筆はそのままに、先人や同時代人の真摯な生き方への敬慕と共感をあたたかく、やわらかく書き留める、名コラム集第二弾！　歴史に照らして現在を問う政治論、古典に裏打ちされたジャーナリズム論、そして政治家・思想家・作家を縦横に綴る人物論を集成。

四六上製　三八四頁　二六〇〇円
（二〇一八年一二月刊）◇978-4-86578-204-2

住民主体の〝町おこし〟の稀有な実践例！

廃校が図書館になった！

（「橋本五郎文庫」奮戦記）

北羽新報社編集局報道部編

一二五年の歴史をもちながら、過疎化でついに廃校になった小学校をどうやって有効利用するか。名コラムニスト橋本五郎さんが、故郷の秋田県三種町に二万冊の書籍を寄贈。それを住民たちの力で分類整理し、行政も巻き込んで、廃校を「図書館」に新しく蘇生させた全記録。

四六判　二五六頁　二〇〇〇円
（二〇一二年一一月刊）◇978-4-89434-884-4